はじめに

はじめまして。高橋勅徳と申します。

東京都立大学で経営学（企業家研究）を担当する准教授を勤めています。新聞や雑誌、ネット上でも大きく取り上げられたので、『婚活戦略：商品化する男女と市場の力学』（中央経済社）の著者だと言ったほうが、今では通りが良いかもしれません。

この本『大学教授がマッチングアプリに挑戦してみたら、経営学から経済学、マーケティングまで学べた件について』は、今や男女のカジュアルな出会いから真剣な婚活に至るまで、多くの人たちが日常的に利用しているマッチングアプリを題材に、ビジネスの世界の基礎教養－経営学・経済学・社会学の知識を学んでいける本がコンセプトになっています。

2022年度の人口動態調査では、16.8％の男女がマッチングアプリを通じて出会い、交際や結婚にたどり着いていると指摘されています。この16.8％というのはあくまで「実際に交際や結婚できた人」の数ですので、実際にマッチングアプリを利用している人は、もっと多いでしょう。

地味でおとなしい印象のある東京都立大学ですら、私のゼミ生の約半数が（積極的に利用しているかどうかは別ですが）スマホにマッチングアプリをインストールしていたりします。

もはや、マッチングアプリの利用というのは、恋人を見つけ、結婚をするという私達の日常で「使って当たり前」の現実なのではないでしょうか。

さて、私は婚活の経験を赤裸々に記述しつつ経営学の持つ独自の視点から切り込んでいく書籍に『婚活戦略』というタイトルを付けました。これは、敬愛する社会学者であるピエール・ブルデューの『結婚戦略：家族と階級の再生産』（藤原書店）から借用したという、分かる人だけ分かるパロディであるのと同時に、自分自身が婚活をしている最中に情報収集で読み漁っていたマニュアル本やネット上の記事で「戦略」や「マーケティング」という用語が溢れていたことも理由でした。

「戦略」や「マーケティング」といった経営学用語のみならず、マッチングアプリでのメールのやり取りや実際のデートの場で「異性にモテるため」に社会心理学や金融工学、行動経済学を折衷して「恋愛工学」と名乗る独自の体系が流行していたりして、突飛な論理展開に仰け反りつつも、興味深く「みんなモテるために、色んなことを考えるんだなぁ」と、ある種のエンターテイメントとして楽しんでいました。

この経験から「みんなが体験する日常的経験」を「学問の視点」から「エンターテイメント」として提供していくことが、（拙いながらもある程度経験と実績を重ねてきた）研究者としては大事だと考えていたところに、本書を執筆するという貴重な機会をいただけました。

結婚適齢期の男女は、ビジネスパーソンとしてこれからの社会を支える人たちでもあります。

そして、現在の結婚適齢期の人たちにとってマッチングアプリは日常的なもので、それこそ「戦略」や「マーケティング」として婚活を考え、恋愛工学を通じて行動経済学を始めとした様々な学問をエンターテイメントとして触れているのです。

そんなことを考えているときに、今から脂の乗るビジネスパーソンの方々にとって我が事である「マッチングアプリ」を題材とした、ビジネスの基礎教養といえる各種理論をエンターテイメントとして学ぶことができる企画で本を書かないか、というオファーを頂いたわけです。

しかし、その道に邁進してきた研究者が、その時代の魅力的なコンテンツの力を借りて、基礎教養を啓蒙していくというのは、逆に読者から倦厭されてしまうかもしれません。

なにより、『婚活戦略』で赤裸々に自分の経験を記述してきた私自身が、婚活をテーマにして単なる啓蒙書を書くことはできません。

だとすれば、よりディープにマッチングアプリを利用した婚活の現実を描きつつ、シームレスに学問の面白さ・奥深さを学ぶエンターテイメントとして本を作れないか。しかもある程度はアプリ婚活にも役立つものを……と試行錯誤していく中で、一見、実体験に基づく私小説か婚活ルポタージュとしても読める本として、本書は完成しました。

本書の主人公である研究馬鹿のYamaguchiさんが、婚活戦士として悪戦苦闘していく様を楽しみつつ、彼の思考の背後にある様々な学問の深淵に少しでも触れていただければ幸いです。

目次

第3章 挑むべきは女性ではなく男性 経営戦略編

第4章 婚活という沼 社会学編

ブックデザイン
krran（西垂水敦＋松山千尋）

製作
荒好見＋内山瑠希乃

装画・中面イラスト
ケント・マエダヴィッチ

校正
株式会社 RUHIA

プロローグ

結婚≒幸せ?

結婚式の帰り道で

Yamaguchi　2022年3月19日

今日、大学院時代からの友人の先生の結婚式に出席した。
よく考えたら、結婚式に出たこと自体が初めてだった。

私も今年で35歳になる。大学から大学院に進学し、博士号を取得して就職したのが28歳の時。多くの大学でポストのある「経営学」という学問上の都合もあるが、大学から大学院を経て、ストレートで研究職のポストを得ることができたのは、我ながら幸運だったと思う（同じ年に就職した他分野の先生は、40歳を過ぎて初めて常勤のポストを得た人だった）。

「次は、お前の番だな」

新婦と幸せそうに並ぶ友人に挨拶に行った時、そう言われた。なんでも、私の座る席は新郎新婦の友人のうち、未婚の男女を集めたものらしい。結婚式ではよくある、新郎新婦側からの配慮だということだ。ちょっと余計なお世話な気もするが…。

「そうか、私たちもそういう歳なんだな……」

「グズグズしていたら婚期を逃すぞ。お前もそろそろ、自分の幸せを考えても良い頃なんじゃないか？」

「私も幸せになれるのか……」

「何言ってんだよ」と笑いながらツッコミを入れる友人を見ながら、自分の人生にも「結婚」というイベントがありうること。「結婚」が幸せを得る一つの手段なのだという事実に気づかされた。

彼が言う「自分の幸せを考えても良い頃」という言葉も、妙に私の心に響いた。幸運にもストレートで大学教員という職業に就いたこともあり、その幸運に応えて研究と教育に全力を注ぐのが、自分の責務であるように、ずっと考えていた。

いや、よく考えれば「自分の人生」に、私はあまりにも無自覚であったかもしれない。中学、高校、大学と勉強するのが自分に与えられた義務だと考えてきた。大学院に進学してからは、その勉強が研究に置き換わっただけだ。その義務をこなしている限り、自分の存在が許されると思い込み、結果が出るほどに安心していた。

その結果、生活のほとんどの時間を研究と学務に費やし、趣味らしい趣味もなく、長らく恋人がいないどころか「作ろうとさえ思わない」という生活を続けてきた。確かに、第三者的に見たら「自らの幸せを考えてもいい」生き方だろう。

そもそも、自分が幸せを感じる瞬間が、執筆した論文が学術誌に掲載が決まった時だけというのは、普通ではないのかもしれない。

結局「女性と結婚すること。幸せになるということ」について考え込んでいるうちに、結婚式で同席した女性たちとまともに会話することもなかった。
せっかくの席を用意してもらったのに申し訳ない……。

そもそもこれまで、異性とのコミュニケーションの全てを、研究活動の効率性を低下させる「厄介事」として、排除してきたのだ。多くの男性がおそらくは思春期のうちに学習する「異性と対話していくことの楽しさ」を私は知らない。
だから、結婚が幸せにつながるということは、一般論としては知っていても、どういうことなのか理解できない。
そもそも、「恋」とか「愛」とかって、なんなのかすら、よく分かっていないのだ。

結婚しない、という選択肢も受け入れられている現代だ。ただそれは「その人の幸せ」を考えた上での選択であるべきで、自分自身の幸せに無頓着な私のこの状況はあんまり健全ではない気がした。

「結婚……か」

たくさんの引き出物をぶら下げて帰宅している電車の中。

ふとそんなことを思った35の夜だった。

私の経験値、低すぎ……？

Yamaguchi　2022年3月27日

女性と出会い、付き合い、結婚をする。

友人の結婚式に出てから、私の頭の隅に常にその言葉があった。

正直に言って、よく分からない。よく分からないから、それが何かを理解したい。ある意味、研究者の性だろう。

それこそ他人から見れば「何を言ってんだよ」という悩みかもしれないが、「普通の人なら自然に受け入れられることを、ちゃんと理解するまでは受け入れられない」から、研究者という難儀な道を選んでいるのだ。

とはいえ、「恋愛」や「家族」や「幸せ」が何であるかを議論するのは、それこそ哲学の領域だ。哲学的な問いを体系立って学んでいっても、それこそ論文が一本増えるだけで、友人が言うところの「幸せ」にはたどり着かないだろう。

一週間ほど思索を巡らせた結果、やはり経験してみるしかないという、結婚式帰りの電車の中での思いつきに、再度たどり着いてしまった。

さて、何にしてもまず私と結婚してくれる相手と出会う機会がなければ……。

当たり前のことだが、そこから既にどうすればよいか分からない。まあ分からないことは、調べて学べばいい。それは私の得意分野だ。

まずは書店に向かってみた。
今まで近寄ったことがない「恋愛・結婚」のコーナーに行くと、どれを選んでよいか目眩がするほど多くの本が出版されている。どうやら現代では、恋人を求めて活動することを「恋活」、配偶者を求めて活動することを「婚活」と言うらしい。
ひとまず、男性向けの「婚活」指南書について、目に付く本を十数冊まとめ買いしてみた。

店員からの視線はやや気になったが、背に腹は替えられない。

というか、普段使わない書店で買えば良かった……。

「なんで、こんな非論理的かつ、効果が検証されていないことを、成功マニュアルとして断言できるんだ？」

私は一冊読み終えるたびに、書籍を「もう読まない本（有害）」を収める本棚に封印していっていた。
正直、これらの本が「何を言っているのか分からない」と困惑するだけじゃなく、「何を根拠にこんなことを言えるのか？」という怒りも湧いてきた。

本の内容は、婚活で女性に接する際の心構えや、女性ウケの良いファッションやコミュニケーション方法など、内容は多岐にわたっている。

しかし、学術の世界で生きてきた私から見ると、執筆者の経験則を元に執筆されており、率直にこれを実行に移すのは問題アリに思えた。

※これらの書籍の著者は、結婚相談所の社長やカウンセラーを名乗る人が多い。知名度を上げるために、わざと過激なことを書いているのではないだろうか？

彼らにとっては経験則から導いた最適解なのかもしれないが、理論も体系も存在しない。

いや「婚活は理屈じゃない」と言われたらそれまでだが、「これだ！」と確信を持てるモノがないとどうにも腰が重くなってしまう。だから研究者をやっているわけで……。

書籍だけでなく、web上でも婚活に関する情報を漁ってみると、だいたいはまとめ買いした書籍に書かれた内容と同じで、限界を感じ始めたところで、唯一、納得して読めたのが「婚活」という概念を生み出した書籍である、山田昌弘・白川桃子著『「婚活」時代』（ディスカヴァー携書）だった。

家族社会学者が手掛けたこの本は、お見合い結婚から恋愛結婚への変遷、出会いの機会の現象と長期の不況と晩婚化の関係について、大規模な調査に基づいて明らかにし、「婚活」を勧めていく必要性を説く展開に納得するだけでなく、迫力すら感じた。

若干、女性との出会い方、とは違う気がするが今は気にしない。

いわゆる「婚活研究」と言われる研究分野があることを知り、

関連文献を読み進めていくうちに、ある一節に注目した。

「女性が高収入の男性を配偶者として捕まえる活動」（関口, 2010, 155-156頁）

これは……！

結婚適齢期の日本人男性の平均年収は400万円程度であると言われている。

幸いなことに私は大学准教授の職を得ているので、その平均額の倍の年収を得ていた。35歳と結婚適齢期としてはかなり終盤に該当するようだが、収入という面で見れば女性と出会うことは決して不可能ではない……？

山田先生らの調査研究を見る限り、我が国の女性が結婚相手に求めている要素の一つに、恋とか愛といったよく分からないものではなく、**「経済力のある男性」というものがあるらしい。少なくとも、「惚れさせる」とか「モテる」とかあやふやなものより、この一文の方がはるかに信じられる理論**であるだろう。

というかここくらいしか私には活路が見出せない。

ただ婚活研究は結婚するために「出会いの機会を増やす」ことの重要性は指摘していても、そのために「どうすれば良いのか？」については具体的な方策は書かれていない。

その方策こそ、マニュアル本がメインにしている「ファッション」とか「会話術」なのかもしれないが、それは問題と解決策の関係がズレている気がした。

　マニュアル通りに女性受けの良い格好をしても、駅前に立っているだけでは出会いの機会にはならない。そもそも、どうやって女性と出会うのかを考えなければならないのだ。ファッションや会話術は、「出会った後」の話でしかない。

　それならば。理論もマニュアルもないなら……。
　私がこれまで蓄積してきた学識を総動員して婚活という現象に挑戦してみるのはどうだろうか。要はフィールドワークだ。研究するように婚活する。

　そして、願わくば生涯をともに歩めるパートナーを見つけるのだ！
※関口文乃（2010）「婚活ブームの二つの波：ロマンティック・ラブの終焉」山田昌弘（編）『婚活現象の社会学』東洋経済新報社,pp. 121-160.

コメント

たにし
大学の先生なら、贅沢しなければ結婚できるんじゃない？

kakky
自分で「婚活を経験しながら理論を作る」って、なかなか難しそう。
今後の経過報告を期待してます。

第1章

私のスペック需要ある？

マーケティング編

なにから始めるべきか……

Yamaguchi 2022年4月1日

結婚することを目的に婚活に取り組むことを決意したのはいいのだが、正直、何から手を付けてよいのかまるで分からない。

婚活を始めるにあたって大量の書籍を購入していたのだが、だいたいが最後は著者の経営する結婚相談所やwebサービスに誘導する仕掛けになっていた。まあ、それが彼らのビジネスモデルなのだから仕方がない。

もちろん専門家によるサービスを利用するのが近道なのかもしれないが、正直彼らの語る「経験則」がどこまで信用できるものなのか分からない以上、利用する気にはなれなかった。

とはいえ、自分の学識と経験から理論を構築しながら婚活をするとはいっても、その取っ掛かりを得るためにどうすればいいか。しばし熟考した後、とりあえず「恋愛が得意な奴」に相談して、「婚活」をする取っ掛かりを作ってもらうことにした。

フィールドワークなのだから、まず当事者へのヒアリング調査を行うようなものだ。そこから現実を経験していく中で、学識を動員して自分の理論を作っていこうというわけだ。

「まさかお前から、そんな相談されるとは……」

　数日後、私から「婚活を手伝ってほしい」と言われた真田は、心底驚いていた。彼は高校時代からの友人で、広告代理店に勤務をしている。
「仕事は趣味と恋愛を楽しむための必要悪」と公言していて、性格もライフスタイルも、私と真逆と言っていい恋多き男だ。
　性格は真逆だが根っこのところで似ているのか、研究しか知らない私とも馬が合い、偶にこのバーで会って近況を報告し合っていた。

「お前も人間だったんだな……」

　真田はそう言いながら、スマホの操作を始めた。

「俺は結婚相談所に入るのが、お前に一番向いていると思うけどな。それでも、自分でやってみたいって言うなら、アプリから始めてみたらどうだ？」

　スマホの画面に映っていたのは、マッチングアプリの画面だった。彼自身も利用しており、現代の恋人探しのスタンダードな手段であるとのことだった。

　利用方法について真田から色々聞いてみると、マッチングアプリにはデータベースで好みの相手を検索する形式と、ランダムでプロフィール写真が表示され、そこから異性を選ぶ形式があり、どちらを選んでも料金体系には大きな差がないらしい。

とはいえ、アプリごとにユーザーの傾向があるらしく、真田はA社のアプリを推薦してくれた。

今流行しているのは表示されたプロフィール写真を次々とめくって「マッチングする or しない」を判断していく形式のT社のアプリだそうだが、大学の教員という職業的（金銭的？）な強みを活かすためには、データベースで検索できる形式のほうがよく、会員数が最も多いA社が良いのでは、ということであった。既に色々奥が深い……。

私は真田の勧めに従い、その場でアプリをインストールして有料会員登録を行った。

彼は「とりあえず1～3ヶ月で試したほうが良いんじゃない？」と言っていたが、正直1、2ヶ月で恋人ができるような未来は見えていなかったし、最も割引率が高くコスパが良さそうだったので、はじめから1年間の登録を行ったのだった。

目に見えない婚活メカニズム

Yamaguchi　2022年4月8日

　真田の勧めでマッチングアプリの利用を始めて、一週間ほどの時間が過ぎた。色々身構えていたが、その仕組みは至極単純なものに思えた。

　まず、入会に際して年齢・職業・最終学歴・年収・趣味のデータとともに、PRとなるセルフポートレートと自己紹介文を入力する。不特定多数の人々に見られる可能性が高いアプリであるため、氏名はイニシャルやニックネームで登録する場合が多く、写真も後ろ姿や目元を隠す加工をしてもいいらしい。

　でもそれだと、どんな人か分かんないのでは……？

　マッチングの仕組みは、ある意味でFacebookを始めとしたSNSと同じもの、あるいはその応用型のようだった。

　まず、自分が異性に希望する年齢・職業・最終学歴・年収・趣味・居住地域などを入力すると、そのデータに合わせて候補者の一覧が表示される。
　その一覧から写真とPR文を確認し、自分が「会ってみたい」と思う異性に、コミュニケーションの申込み（≒いいね）ボタンを押す。相手がその申込みを了承したらマッチング成立で、アプリ上でTwitterのDMに似た形式のコミュニケーションが可能になるというものだ。
アプリ上でのコミュニケーションが進んでいくうちに、リアルでの対面→交際という流れになるらしい。
とりあえず、

- 自分と同年代
- 最終学歴は大学
- 東京在住の女性

で検索してみると、ヒットする女性がかなりいた。

PR文をちゃんと書いている人（真面目に婚活をしている人だという仮説で）を優先して一日5～10人の「いいね」を行ってみた。

しかし、マッチングアプリの利用を始めて一週間になるが、マッチングは一度も成立していない。
「女性が高収入の男性を配偶者として捕まえる活動」が婚活ならば、結婚適齢期の同年代の女性であれば、私も候補入りが可能なのではないのだろうか……？　何か間違っている？

思うに、
アプリ婚活には、婚活研究の先達たちも気づいていない、何か別のメカニズムが働いているのではないだろうか。

アプリ内の機能で自分のプロフィールのPV数を確認できるのだが、一日50前後のPVがあるにも関わらず、この一週間の間、一度も女性から申込みは届いていないのはシンプルに心が折れそうになる。
　投稿論文の査読でリジェクトの返事をもらった時でも、これほど落ち込むことはない。婚活という場において、自分が必要とされていないという現実が立ちはだかる。

　暗澹たる気持ちのなか、真田の言葉を思い出した。

「なんかアプリでよく分かんないことがあれば、気軽に相談しろよ？」

　そうだった。私には真田がいた。
　とりあえず、真田の言葉に甘えて、彼の見解を聞くことにしてみよう。

コメント

keigo
高望みしてんだろ、どうせ。

たにし
稼ぎもあるんだから、とりあえず課金してマッチングの申込みをしまくればいいのに。数撃ちゃ当たるだろ。

価値のないプロフィールと私

Yamaguchi　2022年4月10日

「あ～。なんて言ったらいいかな。これだと女性から見て、情報の価値がないんだよな」

　真田はアプリ上の私のプロフィールページを見るなり、そう言った。

「いや就活の履歴書じゃないんだから。もっと女性が興味を引くものにしないと」

　まず言われたのがプロフィール写真だ。
　真田が言うには、写真は大学のHPの写真を転用した証明写真のようなものではなく、趣味やパーティーを楽しんでいる時のような、動きのあるものが良いらしい。

　というのも、写真から「この人と付き合うことになれば、楽しそう」と思えることが、「いいね」を受けるかどうかの大きな判断基準になるということだった。

　要は、履歴書に貼り付ける証明写真のような写真は正確にその人の容姿を映し出しているかもしれないが、交際相手としてふさわしいかどうかの情報価値はほとんど存在しないということらしい。ぐうの音も出ない正論だった。

確かに、思い返すとこの一週間、私がアプリを通じて「いいね」をする際、「年齢・学歴・居住地」のといった条件が当てはまる女性の中から、動きのある楽しそうな写真を掲載している女性を中心に選んでいた気がしたのだ。

だとしたら私も、そういう魅力を感じさせるプロフィールを用意すべきだったのだ……。

とはいえ、私には最近の若者のように自撮りをする習慣なんてない上、女性に興味を持ってもらえそうな写真なんて１枚も持っていない。困り果てていると、大学のゼミのFacebookアカウントに、数年前のゼミ合宿で実施したBBQパーティーのデータが残っており、その中に私が肉を焼きながらゼミ生と談笑している写真が残っているのを見つけた。これでなんとかなるか？

この写真に加え、私が仕事をしている場面として学会報告をしている時の写真が学会のHPに残っていたので、その2枚をプロフィールページの写真として差し替えることにした。

「お前、頭は良いんだから、もうちょっといい感じにできそうなんだけどな……。自己紹介文も、お前の事情を書いているだけで、PRになってないじゃないか」

更に真田が言うには、プロフィールの文章もダメダメらしい。

広告代理店勤務だけに、こういうことには厳しい。

「研究に一所懸命になっているうちに、結婚を考えなければならない歳になってしまいました」

これが、私が入力したプロフィール文である。
まあいい文章ではないが……。そんなにダメなのか？

そもそもアプリを使っている時点で、女性も結婚を視野に入れた交際相手を探しているのだから、私の文章には何も情報価値もないと言われればその通りだった。

多くのユーザーは写真の次にプロフィールを読むのだから、ここでも私の人となりを伝えつつ、「この人と付き合うことができれば楽しそう」と思える価値が含まれていない限り、PR にならないということだ。

なるほど、マッチングアプリというのは自分の価値をプレゼンテーションしていく場であるということなのだ。少し、検討していかなきゃならない。

価値ある男への冴えたやり方
〜マーケティング応用編〜

Yamaguchi　　2022年4月15日

先日の真田からのアドバイスを聞いて自宅で反芻していくうちに、マッチングアプリを使って結婚相手を探すにあたって、自分には「マーケティング」の視点が完全に抜け落ちてしまっていたことに気付かされた。

経営学者であるにも関わらず、これではよくない。

ビジネス用語をも越えて日常用語にもなっている「マーケティング」は、実は**「顧客が何を求めているのか」**を探る研究でも、**「効果的な広告をどう作るのか？」**を追求していくだけの研究ではない。

いや「ではない」というのは言いすぎかもしれないが、市場調査はマーケティング論を構成する要素の一つであり、全体としては「製品、価格、広告、流通」に関わる管理を、企業、クライアント、消費者との関係から捉えていく広範な学問だ。

そして、マーケティング活動とは、「製品、価格、広告、流通」を通じて、企業をとりまく全ての関係者に、良き価値を創造（製品）し、伝達（広告・流通）し、提供（価格）していくことを意味している。

色々小難しいことを考えてしまったが、まあともかく婚活を「マーケティング活動」として読み替えるならば、**「婚活とは、異性にとって価値のある自らの情報を、創造・伝達・交換から価値を発生させ、異性に配偶者として選んでもらう活動である」**ということができるのではないだろうか。

そう考えると、私のプロフィールページを見た真田の見解は、正鵠を射ていたと言える。

情報としては正確かもしれないが、女性が私に交際相手としての価値を見出す内容ではなかったのだ。

つまり、婚活マーケティング活動とは、まず女性が私を配偶者として選ぶことで「価値」を得られるように、**自分自身を「製品化」し、その価値が女性に届くように「流通に乗せ」、認知度が上がるように「PR していく」という一連のプロセスを踏む必要がある**のだろう。

マッチングアプリで婚活をするのであれば、女性が配偶者の男性に求める「価値」を踏まえた上で、その「価値」を提供できる人間に自分を作り込むだけでなく、「私という製品」が持つ価値を自分のプロフィールページに落とし込んでいく PR 活動が必要になる。

いやこれ、難易度が高すぎないか？

とはいえ、とりあえずは女性が配偶者に求める価値のリサーチから、自分を製品化していく方向性を決めていくことから始めてみよう。

Check ▶▶▶

マーケティングとは?

結婚相談所のカウンセラーや婚活コンサルタントが、マーケティングの発想を婚活に応用していくのは、比較的よく見る時代になりました。

米国マーケティング協会は、「マーケティングとは、顧客、依頼人、パートナー、社会全体にとって価値のある提供物を創造・伝達・配達・交換するための活動であり、一連の制度、そしてプロセスである」と定義しています。

本文でYamaguchiさんが指摘しているように、マーケティング論は「消費者のニーズ」や「効果的な広告」の研究だけではなく、開発から価格設定、流通、営業、広告といった「製品・サービスの開発から、消費者への流通・営業経路とマネタイズ経路の構築」までを包括的に捉える研究領域です。その意味で、流通論や営業研究も、実はマーケティング論になります。

また、マーケティング（Marketing）という概念が、市場(Market)の動名詞の表現で学問が定義されていることも注目したほうが良いでしょう。マーケティング論が目指すのは、社会全体の価値向上のために、市場調査や広告、流通開拓の技法を研究していくことで、市場を作り出していくこと＝消費者を作り出していくことでもあります。この点を踏まえると、「女性が配偶者に求める価値」とは何だろうか、と調べようとするYamaguchiさんは、少し考えが足りないかもしれませんね。

出会うまで、あと2万円

Yamaguchi　2022年4月20日

　マーケティング論というと、市場の潜在的ニーズや消費傾向を調査し、「どういう商品がヒットするのか？」を予測していく学問と思われがちだ。
　確かに消費者分析はマーケティング論の重要な要素であることは間違いない。しかし、マーケティング論そのものは、製品・サービスの開発から、広告・流通を経て顧客に届く（売れる）までの、一連の過程を分析する総合的な学問だ。

　この、開発から広告・流通までを捉える学問だからこそ、実は婚活に非常に役立つ学問なのではないだろうか。
　いかにして婚活市場で「売れる商品としての私」を作り上げ、女性にPRして届ける（出会って、交際に至る）。この一連のプロセスを考えるための、絶好の教材になるだろう。
　自己プロデュースという言葉があるくらい、経営学の考え方は日常生活に浸透しているのだから、婚活をマーケティングとして考えても、それほど違和感はない。

　実際、SNSを見渡すと、婚活に経営学やマーケティングの知見からアドバイスしようとする専門家が散見される。
　しかしその多くが「女性にモテるためには？」「あなたがモテるためのニッチ戦略は？」といった、マーケティング論の一局面を切り取ったアドバイスが多い。

だとすれば、オーソドックスなマーケティング論の基本中の基本から、アプリ婚活を始めていくのが、私が実行可能な最も有効性の高い婚活になるのではないだろうか。

というわけで、婚活マーケティングを始めるために、マーケティング論の基本中の基本である、4P ／ 4C 分析から始めてみようと思う（図表1）。

4P 分析	4C 分析
製品（Product）	顧客価値（Customer Value）
価格（Price）	顧客コスト（Customer Cost）
流通（Place）	顧客利便性（Customer Convenience）
広告（Promotion）	コミュニケーション（Communication）

図表1 マーケティングの4Pと4C

4Pとは製品（Product）、価格（Price）、広報（Promotion）、流通チャネル（Place）という、製品・サービスが顧客の購買に繋がる一連のプロセスの中で、マーケティング活動として不可欠な4要素の略称だ。企業（売り手）として**「どのような製品を」「どの価格で」「いかなる広告で顧客に周知し」「どういう流通手段を用いて販売**

していくのか」。この4点を決めておかねば製品開発から販売までの一連のプロセスをマネジメントすることができない。

この4Pを「消費者」の側から捉えたのが4Cだ。

顧客価値（Customer value）、顧客コスト（Customer cost）顧客利便性（Customer convenience）、コミュニケーション（Communication）となる。

つまり、「企業が提供する製品・サービス」は「顧客がその製品・サービスの購入から得る価値」であり、「価格」とは「得られる価値に対して必要となる全ての対価」であり、「流通」とは「製品・サービスの入手のしやすさ」であり、「広報」とは「企業と顧客の間のコミュニケーション活動」としても、捉えることができる。

研究に関わることなので、ついつい語りすぎた。

とにかくこの4P／4Cの考え方を、アプリ婚活にも応用できないだろうか。

まず「Place＝流通場所」はアプリの利用が前提であるため、「どこで自分を売り込むのか」という事は考えなくてよいだろう。

他方で、アプリ婚活はスマホで24時間できるため婚活パーティーのように場所や時間に縛られない、最も利便性が高い婚活方法だ。

次に「Promotion＝広報」については、真田が指摘してくれたプロフィールページの作り込みであろう。まず、ここで興味を引くことができないと、何も始まらない。

そして「Price ＝価格」について、婚活アプリの利用は入会金や月会費も結婚相談所と比べて1 〜 5割程度と非常にコストが安い。しかし、恋人になることを目的として「私」と出会い、実際に交際を決断するという流れで考えると、**このプライスをアプリの月会費だけで考えるのは愚策**なのかもしれない。

そこで、女性がアプリに課金した上で私とコミュニケーションを取り、実際に合う（デートする）際にかかる通信費と交通費、1日を費やす日当の合計額と仮定しておこう。
女性はアプリの利用は基本的に無料だが、メッセージのやり取りに費やす時間、都内在住の女性が自宅から待ち合わせ場所まで往復する交通費を仮に1000円、初回のデートを移動時間含めて半日として、同年代女性の平均月収から半日あたりの時給を合計してみた。

多めに見積って2万円ほどになるだろうか？

ということは、アプリを通じて女性と出会うためには、2万円払ってまで「私に会ってみたい」と思える「Product ＝製品」に、私を作り込んでいかねばならない。

2万円の価値を感じさせる男……これはなかなか難しい。

2万円を費やしても出会いたい「私」とは、どのような「製品」として形作るべきなのだろうか？

星野源になりたい

Yamaguchi　2022年4月21日

さしあたって、4P／4Cの考え方を踏まえて、改めて私のアプリ婚活を成功に導くための最大の問題が、「2万円のコストをかけても私に会ってみたい」と思えるだけの顧客価値を、私が提供できるのかということにあると分かった。

マッチングアプリは、顧客へのプロモーションの最初の局面が「プロフィール」になる。

このプロフィールから「2万円の価値」を発生させる工夫が必要になる。とはいえ、闇雲に「2万円の価値」というのを目指しても、無駄な苦労を繰り返すだけだ。

マーケティング論的に発想を逆転するなら、**「女性はどのような人に、2万円分の価値を感じるのか？」**を考察していくべきだろう。

つまり、婚活市場で女性が求める男性の理想像の調査が必要だ。マーケティング論で婚活女性の調査結果は見当たらないので、私が一からアンケート調査を設計して分析していくしかないようだ。

幸いなことに、我が国では家族社会学の分野で、女性が結婚相手に求めるニーズについて、多数の調査が行われてきたので、そこから「価値」を類推していくことにした。

　まず、令和4年度版男女共同参画白書の結果を見ても、女性が男性に求める配偶者の条件は、年収・職業が中心となっていた。他方でネット上では、民間で調査した婚活女性が求める「理想の男性像」が話題になっていた。大まかに言えば、

「身長165cm以上で体重は60～80kg。都内在住で年収500万円以上稼ぐことができる仕事、地方であれば銀行など大手企業や公務員を職業としている、星野源」

　というものだ。

は？

　私の身長は178cm、体重は85kg。職業は大学教員で、企業研修の講師などの副業を含めて年収は800万円程度である。女性が求める「理想像」をなかなか満たす内容であると考えて良いだろう。**体重以外は。**

　容姿については学生からは「小難しいことを延々と喋るゴリラ」と言われている。

　少なくとも、webで確認した星野源の容姿からは程遠い。顔のつくりはどうしようもないことを受け入れた上で、ひとまず早急に求められるのは、標準体型といえる68kg前後までダイエットすることが喫緊の課題だ！

女性と出会うため、まずは数百万円を用意します

Yamaguchi　　2022年4月25日

星野源にはなれないという絶望のあまり、更新をサボってしまった。

前回の調査内容は、婚活女性が求める理想の男性像の容姿と年収についての平均像でしかない。趣味や価値観といった内面に何を求められているのかに注目していけば、容姿のマイナスを補完して、「2万円」分の価値が発生するかもしれない。

まずは結婚相談所や結婚情報雑誌で行われているアンケート結果や、これらのサイトで奨励されている趣味から情報を抽出・推定していくことにした。
結婚相談所や結婚情報雑誌によって推奨される趣味は、会員や読者向けのアンケート調査に基づいているため、ある程度の妥当性が在ると信じている。多分。

手始めにWebサイトおよび結婚情報誌、合計200媒体ほどの情報をピッキングしたが、女性が「楽しそう」と感じる趣味は、ほぼ「スポーツ・運動」「ドライブ」「グルメ・食べ歩き」「旅行」の4分類に集約されていた（図表2）。

「スポーツ・運動」「ドライブ」「グルメ・食べ歩き」「旅行」は、自慢じゃないが私は何一つ通っていない趣味である。

もちろんこれは、普通の男性であれば一つくらいは該当しそうな趣味である。ただし、その内容を分析していくと、「女性受けの良い小分類」と「例外事項」があることに気付いた。

多くの女性は、小分類に当てはまるものを「好ましい」と感じているのに対して、**例外事項に該当するものは、反転して「不快か無関心」の対象**となり、一部の特異な趣味の傾向を持つ女性にしか受けることはないようである。

私からすると大した差にしか見えない。しかしそこには明確なボーダーラインがあるようだ。

大分類	小分類	例外事項
スポーツ・運動	スノーボード／スキー／スキューバダイビング／皇居ラン／ゴルフ／テニス／フィットネス／アウトドア	ボディビル／格闘技全般／テニス・ゴルフを除く球技全般／釣り
ドライブ	好まれる車種 高級セダン／ SUV ／ベンツ・BMW・アウディなどの高級欧州車	好まれない車種 軽自動車／ワゴンタイプ（国産・外国産問わず）／米国車（年代問わず）
グルメ・食べ歩き	イタリアン／フレンチ／会席料理／寿司／エスニック	ラーメン・蕎麦／B 級グルメ全般／ファミリーレストラン
旅行	西欧／リゾート／世界遺産／寺社仏閣	アフリカ・東南アジア・国内のほぼ全て

図表２　婚活で女性に好まれる趣味と例外事項

例えば、私は多少なりともラーメンを食べ歩くことは好きで趣味と言って良いかもしれないが、どうやらこれを趣味として公言する男性は多くの女性からは「不快か無関心」であり婚活の上では価値がないようだ。
おそらく、ラーメンが好きな女性は大勢いるだろうが、それを推す男性には価値を見出せない、ということだ。これは辛い。
これは、読書や映画のような趣味の王道にも該当するだろう。読む・観るだけで女性からマイナス評価される本や映画があるようだ。

さて、困ったのが私自身、読書くらいしか趣味のない面白みのない男であるということだ。
少なくとも、作成したリストのうち、女性に好まれる小分類に入っている趣味は、どれ一つ嗜んだことがなかった。年収と職業以外、定量的なデータからも「理想の彼氏像」から大きく外れている。どこかに救いはないのか？

この絶望を抜け出す手段として見出したのが、4P ／ 4C による逆転の発想だった。つまり顧客のニーズに合わせる形に、自分を製品として作り込めばいいのだ。

かのドラッカーは「マーケティングの本質は、営業活動を不要にすることである」と指摘している。
この一週間で調べた婚活女性が求める「理想の彼氏像」は、いわば「もっともニーズの多いボリュームゾーン」であると言える。容姿になかなかな不利はあるものの、結婚適齢期で数％しか存在しない800万円以上の年収は、上手くボリュームゾーンの女性にリーチできるようにプロモーションできれば強みになる（と思いたい）。

とにかく、最初の一人と出会い、婚活のプロセスを一歩進めないことには、「結婚する」という目標は達成できないのだから。

そう決めた私は、このようなプロフィールを書き上げた。

都内の大学で大学教員をしています。
職業柄、同年代の女性との出会いが少ないので、周りに勧められてアプリの利用を始めました！
趣味は夏にスキューバダイビング、冬はスキーを楽しんでいますが、普段は仕事終わりにカフェで読書を楽しんでいます。
年に数回、ヨーロッパを中心に旅行しており、これまで15カ国に渡航しました。
ライフスタイルを共有できる方と、出会えたら嬉しいです。

年齢：35歳
身長：178cm
体型：がっしり
職種：大学准教授
年収：800万～1000万

なんかすごい。ハイスペックな独身男性に見える。

とはいえ、これは女性のボリュームゾーンに向けて自分をチューニングしたに過ぎない。このプロフィールが「嘘」にならないように、自分を製品として作り込んでいく必要があるのだ。

もちろんこのままでは、プロフィールが嘘になってしまう。今すぐにでも対応できるところは、作り込んでおくべきだろう。

まずは海外旅行だ。

過去に海外の学会で、いくつかの研究報告をしてきたので、スマホ内にも幾つか撮影した写真が残っていた。その中から、ヨーロッパ諸国の町並みを中心にプロフィールページに掲載した。

そしてダイエットのためにパーソナルジム、ライセンス取得のためにスキューバダイビングのスクールに入会した。

また、免許取得以来、数えるほどしか運転していないが、思い切って BMW の X3を購入した。納車は来月だ。

ここまでに800万円超え……！

一気に貯金額が減ってしまったが、必要経費として割り切ることにしよう。あくまで研究の一環として、確定申告で経費として落とせたりするものか？

コメント

タダ

なんかまず、「なんで結婚したいのか」と「結婚してどういう生活をしたいのか」を考えてから婚活したほうが良いのでは？
「どうやったら婚活が上手くいくのか」の人体実験することが自己目的化してないですか？

keigo

BMW買ってんの笑った。

モテたいのか、結婚がしたいのか
～市場の細分化編～

Yamaguchi　　2022年4月29日

4P ／ 4C の考え方に基づいてプロフィールを変更して、2週間ほどの時間が経過した。

大学教員としての業務に加え、パーソナルジムとスキューバダイビングのスクールで忙しい日々を過ごしている。

当初は研究時間が削られていくのが気になっていたが、トレーナーやインストラクターから、今まで知らない知識や経験を得られるので、これはこれで楽しんでいる自分に驚いた。

肝心のアプリの方は、プロフィールを変更した翌日から PV 数が目に見えて増え始めている。

納車予定の BMW や、ジムやスクールでの風景写真などを継続的にアップすることで、常に女性の目につく、4C 的に言えばコミュニケーションを継続的に図るようにしたことで、1日の PV 数が2桁から3桁へジャンプアップしたのだった。嬉しい。

マーケティング論を応用して、婚活市場の女性の最大公約数に PR していくという私の狙いの、第１段階はクリアしたと言ってもいいのではないだろうか……？

問題があるとすれば、アプリを利用し始めて1ヶ月が経過したのに、一度もマッチングが成立しないことである。

というかこれが一番の問題だ。

毎日、私のプロフィールページにアクセスしてくれている人のなかから、毎日10人ほどにマッチングの申込みを出しているが、全く良い反応は得られない……。

ところが自分が「いいね」を送った経歴を眺めていると、問題がまだ私自身に有ることに気付いたのだった。

私はこれまで、プロフィールにアクセスしてくれた人から、直感的に「良い」と思った人に「いいね」を送っていた。しかし、各プロフィールの内容を見ていると、**年齢や学歴、職業や趣味が見事にバラバラだったのである。**

つまり、「私がどういう女性を対象に婚活をしているのか」が全く定まっていなかったのだ。

プロフィールページは、女性の最大公約数的なニーズに基づいて、耳目を集めるように作り込んでいる。しかし、女性一人ひとりのニーズは微妙に異なるはずであり、その「ズレ」がマッチングを阻んでいるのかもしれない。

だとすれば、より解像度を上げた「求める女性像」を私の方で明確にした上で、マッチング＝プロモーション活動をしていかねばならないだろう。

　そうだ、これは婚活なのだから「女性にモテるための市場調査」だけでは不十分であり（それじゃナンパのためのマーケティングだ）、自分がターゲットとして狙う＝結婚相手としての理想の女性像を明確化しておかねば、婚活マーケティングは成立するはずもないのだった。

コメント

ルノアール・たかし

冷静になると、ここまで資金を投入できるって金持ちの道楽的な側面もあるよな……。

Pepi

たしかに「なんで私を選んだんだろうな、この人」っていうくらい共通点のない人からマッチするとビックリする。

Check ▶▶▶

STP分析とは？

STP分析とはコトラーが提唱したマーケティング手法で、セグメント化（Segmentation）、ターゲット選定（Targeting）、ポジショニング（Positioning）をとって提唱されています。

セグメント化とは、売り手側が設定した基準で顧客のニーズを細分化していくことです。セグメント化のための基準は年齢層や収入、学歴や婚姻歴などの属性、購買活動にかけられる予算の違いなど、企業が提供する製品・サービスの性質によって基準は千差万別です。ただ、「顧客のニーズを把握した上で、企業がセグメントを設定する」ことが重要になります。

次にターゲット選定とは、分割したセグメントのうち、自社が競争優位を確立できるセグメントを選ぶことです。この場合、単に競争優位を得られるターゲットを選ぶだけでなく、ターゲットの市場規模や成長性も考慮し、持続的な成長を得られるか否かを判断することが求められます。

ターゲットとして選定したセグメントで、自分が競争優位をいかに確立するのかを決定することがポジショニングになります。企業経営の場合であれば、ターゲットとしたセグメントには必ず競合企業が存在します。だとすれば、その競合企業に対して、価格面（Customer cost）で優位に立つか、価値面（Customer value）で優位に立つのかによって、製品・サービスの開発から流通・広告の方法まで変わってくることになります。

Yamaguchiさんはマーケティングが専門ではないため、ポジショニングの分析が甘い＝自分の競合男性を具体的にイメージできていないのが気になるところですね。

私の武器、それは収入

Yamaguchi　2022年5月2日

私の専門がマーケティング論ではないこともあるが、まずはSTP分析を実施してから4P／4Cに進んだほうが良かったかも……今更ながら思った。

しかし、悔やんでも仕方がないので、STP分析の考え方に基づいて、私がターゲットとする女性を決定しておこう。

結婚相談所の提供しているデータやカウンセラーの情報を見る限り、多くの女性は同世代から5歳年上までの年齢差で、趣味や結婚後に求める生活の価値観が一致する相手を選ぶ傾向があるらしい。

業界ではこれを、「価値観マッチング」と呼んでいるそうだ。

そう考えると、年齢は30～35歳、学歴は大卒以上の女性が、私が配偶者を求めるにあたって、妥当な年齢・学歴に基づいたセグメンテーションとなる。

更にここから、趣味や価値観に基づいてより細分化したほうが、ターゲットがより明確になるだろう。

また少なくとも今現在、フィットネスとダイビングに魅力を感じ始めているので、先程の年齢と学歴で設定したセグメントから、趣味を「フィットネス」もしくは「ダイビング」としている人に更に限定してみよう。狭めすぎかもしれないが……。

その上で、専業主婦を希望している人を、ターゲットとして選択してみた。

というのも、婚活市場内でのポジショニングを考えた場合に、**そのほうが私の唯一の競争優位である年収が有利に働くと考えたからだ**。ダイビングにしてもフィットネスにしても、始めてみてよく分かったのだが、非常にお金のかかる趣味である。

だとすれば、フィットネスやダイビングを趣味にしていて、かつ専業主婦を希望している女性は、より相手の年収に敏感に反応するのではないか、という仮説である。

自信はない。しかし仮説を持って検証に臨むから、フィールドワークなのだ。と言い聞かせている。

このSTP分析が正しいかどうか分からないが、ひとまずこの方法を試して、最初の一人と出会い、婚活のプロセスを一歩進めないことには、「出会い、結婚する」という目標は達成できないのだから……。

アーリーアダプターに刺さる男

Yamaguchi　　2022年5月10日

STPマーケティングを導入してから、私の「いいね」の基準が明確に変化した。アプリの検索機能を駆使し、年齢や学歴、趣味でスクリーニングした上でプロフィールを読み込み、専業主婦を希望することをプロフィール上で匂わせている女性に、マッチングの申込みを送るという作業を繰り返している。

まだ始めて数日なので、マッチングは成立していないが、マーケティング論的に「市場をニーズに合わせて細分化する」という考え方はなかなか面白そうだ。

もっと応用できるのではないか、と考えた時に注目したのが、マーケティング論における顧客の類型化だ。代表例が、製品の普及を論じた「キャズムモデル」だろう（図表３）。

製品を市場にいかに浸透させていくのかについて、マーケティング論では顧客の属性に注目する。キャズム理論の場合、新製品にすぐ飛びつく「イノベーター」と、その評判に最初に反応する「アーリーアダプター」が導入期に注目すべき顧客となる。

キャズム理論に基づいた時、私は導入期の顧客獲得に失敗したと言えるのかもしれない。

私が利用しているマッチングアプリには「今週の新入会員」をユーザーにアナウンスする機能を有している。

一部のユーザーから見れば、「まだ誰も手を付けてない真っ更な会員」だから、マッチングしやすいと考えるはずである。

にもかかわらず、私のプロフィールのPV数が一向に増えなかったのは、利用開始時の女性へのリーチ方法＝プロフィール作成に、問題があったと考えられる。

他方で、プロフィールページを作り直したことでPV数が目に見えて増えたということは、イノベーターやアーリーアダプターの支持が徐々に増えてきた、ということなのかもしれない。

重要なのはここから実際にマッチングを獲得していくことであるので、まだまだ私はキャズム（＝溝）を超えられていないと言えるだろう……。

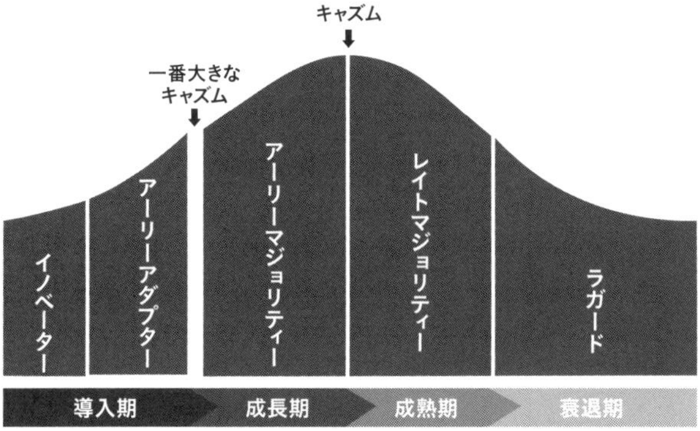

イノベーター　：すぐ購入する客層
アーリーアダプター　：乗り遅れまいと積極的に購入を検討する客層
アーリーマジョリティー　：様子は見るが比較的前向きに検討する客層
レイトマジョリティー　：積極的に検討はしないが良ければ購入してもよいとする客層
ラガード　：まったく興味を示さず購入しそうもない客層

図表3 キャズム理論

Check ▶▶▶

キャズム理論の補足

キャズム理論の革新性は、セグメントの成長段階にあわせた顧客の属性の違いに注目し、それに適合したマーケティング・マネジメントを提案した点がありました。

例えば「新しさ」に反応して自発的に製品を購入してくれる「イノベーター」は市場の2.5%、「アーリーアダプター」は13.5%とされます。新製品を導入する際には、イノベーターとアーリーアダプターにいかにリーチし、ユーザーコミュニティの形成をサポートしていくのか成否を分けます。

次に全市場の34%を占める「アーリーマジョリティ」は、イノベーターやアーリーアダプターからの評判を見て購入を決断する顧客層です。一般にこのアーリーマジョリティの獲得に成功するとセグメントは成長期に入りますが、失敗することが多くキャズム(大きな溝)として表現されています。最後に市場の成熟〜衰退期に現れるのが、34%の「レイトマジョリティ」、16%の「ラガート」です。レイトマジョリティは製品の成熟期に現れ、ある程度確立された製品の評判を見て、購入するのかを決める層です。導入・成長期に十分なシェアを確立していけば、レイトマジョリティの獲得は難しくありません。

キャズム理論は新製品開発において、市場への導入から成長、モデルチェンジの各段階でのマーケティング活動の参考になるだけでなく、自社の商品や技術、販売網などの強みを基盤として、どの顧客層にリーチしていくのが最も合理的なのかを判断するツールとして利用することも可能であると考えられます。

婚活の青い海、そして野望

Yamaguchi　　2022年5月12日

市場の細分化という意味で、もう一つ注目せねばならない顧客分類は「リードユーザー論」だ。

キャズムモデルで言えば、イノベーターやアーリーアダプターに該当するのがリードユーザーであるが、リードユーザーに注目することは、企業に通常とは異なるマーケティング・マネジメントへの道を切り開くことになる。

先日の家族社会学や結婚相談所の調査から私が見出したのは、婚活市場全体の女性のニーズを平均化したものだ。平均的であるということは、既存市場で最も求められているボリュームゾーンであると考えられる。

他方でリードユーザーを、その平均から「外れた」極端なニーズを有するユーザーと見ると、新しい発見があるかもしれない。婚活市場であれば、変わった趣味の持ち主であるとか、極端に年上・年下を求めているとか、特定の職業従事者を配偶者に求めているのが、リードユーザーに当てはまるだろう。

経済合理性という面で考えると、もっとも顧客の多い平均的なユーザーを狙っていくべきだろう（実際、私もそう考えてプロフィールページを作成していた)。

しかし、あえて顧客層が少ない（少なく見える）リードユーザーをターゲットとしていくことは、市場の細分化という視点から考えると優位性があるのではないだろうか？

そんな事を考えて、以下のような図を書いてみた（図表４）。

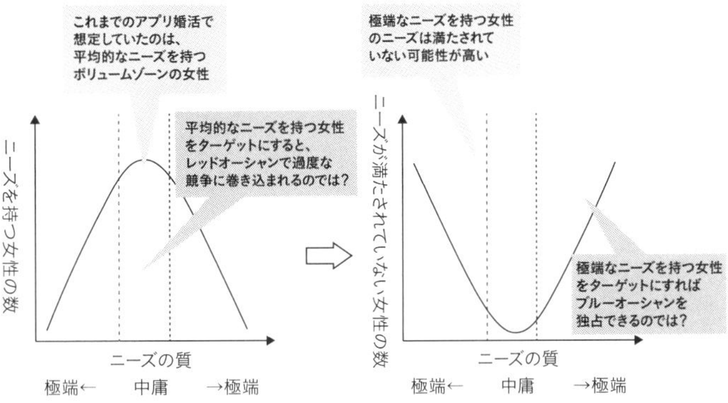

図表４ アプリ婚活のブルーオーシャン戦略の可能性

アプリ婚活でマッチングの成功確率を上げていくためには、通常は最も顧客数の多い平均的な女性を想定し、それに合わせたプロフィール作成とマッチング申込みをするのが合理的に思える。

しかし、多くの男性が「平均的な女性像＝中庸なニーズを持つ女性」をターゲットにしてアプリ婚活を実行した場合、リードユーザー＝極端なニーズを持つ女性は「満たされていない」状況にあるといえる。

だとすれば、実は当たり前のマーケティングの発想で「中庸な婚活女性のニーズ」を割り出し、そこをターゲットにマッチングの申込みを行うことは、**実は合理的に見えて多くの男性と競合する非効率的な戦略なのかもしれない。**

逆に、「極端なニーズ」に自分を当てはめてアプリ婚活を行えば「満たされない極端なニーズを持つ女性」とマッチングできるのではないだろうか？　10年ほど前に一世を風靡したブルーオーシャン戦略の婚活バージョンだ……！

それでは、アプリ婚活でブルーオーシャン戦略をどうやって実行すればよいだろうか。そう考えながらアプリをいじっていると、自分が全く利用していない機能として「サークル」というものがあった。

「ダイビング好き」とか「フィットネスLove」のようなサークルが設定されていて、そこに登録しておくと、自分の趣味趣向が合う人と出会いやすくなるという機能だ。

「サークル」には趣味だけではなく、「専業主婦希望」とか「看護師と結婚したい」といった結婚相手に求める条件でサークルが存在している。なぜこれに早く気付かなかったんだ。

自分の趣味や結婚相手に求める条件に合致するサークルに登録するのが通常の使い方であるだろうが、実はこの機能こそがリードユーザー・マーケティングの手法で応用できる活路ではないだろうか？

そこで、あえて登録者の少ないサークル＝極端なニーズを持つ女性が存在するサークルに注目してみることにした。その中でも私が属性として該当し、有利になりそうなサークルが、「逆年の差婚OK」と「大学院卒業以上」のサークルであった。

双方とも、登録者が少ないのはある意味納得である。2019年度の人口動態統計年報で初婚者のうち女性が年上の夫婦が占める割合は24.2%だ。更に、大多数の男性は、女性の方が学歴が高い場合、交際が成立するのが難しいらしい。なんだかな……。

女性が浪人することなく大学院まで進学した場合、修士だと24歳、博士だと28歳以上となる。大多数の同年代の男性にとって、「年齢」「学歴」という点で「難しい」女性となってしまうに違いない。ということは、国立大学で博士課程を修了で博士号持ちの私が、逆年の差婚を受け入れてしまえば、そこにはブルーオーシャンが広がっている可能性もあるのではないだろうか。希望的観測すぎるか？

そう考えて「逆年の差婚OK」と「大学院卒業以上」のサークルに登録し、優先的にそこに登録している女性にマッチングの申込みを図ることにした。

たった一人に向けて
チューニングする

Yamaguchi　2022年5月15日

新しいプロフィールページを作成し、マッチングの申込方法を変えてから1ヶ月が経過した。

写真を差し替えてから目に見えてPV数が増え始め、現在は安定して一日300人前後のPV数を記録するようになった。

やっとマッチングも数件成立するようになり、4P／4C、STP、リードユーザーといったマーケティングを導入したアプリ婚活は、成功に近づきつつある手応えを感じ始めている。

一方で深刻な問題となっているのが、マッチング成立後のメッセージのやり取りが続かず、マッチングを解消されるケースが続いていることだ……。

マーケティング論的に言えば、プロモーションに成功して商品の認知度が上がり、顧客が実際にお店に来て商品を手にとって見てくれるところまで来たが、実際の購買行動にまではつながっていない、という状態である。例えていて悲しくなるが。

だとすれば、この先に必要なのは、私に興味を持ってマッチングしてくれた女性が、実際に会ってみよう、交際してみようと決断してもらうためのプロモーション活動であるだろう。

マーケティング論の分野では常識になっているが、広告は商品の認知度を向上させるが、実際の購買行動とは相関がないとされている。つまり、数千万から数億のお金を費やしてテレビ広告を流しても、知名度は上昇するが売上につながるとは限らない、ということである。

実際、マーケティング論でも従来のマス・マーケティングから One to One マーケティングやマイクロマーケティングへの転換という形で、この問題に対応しようとしている。

例えば、先日の調査のように「婚活女性全体の傾向」からマスの消費者像を想定したマーケティングを目指すのではなく、マイクロマーケティングや One to One マーケティングでは、究極的には**「消費者一人ひとり」の属性に合わせたマーケティング**を展開していく。

例えば、ゼミで Amazon のウェブページを開いた場合、ゼミ生一人ひとりの過去の閲覧履歴や購入履歴によって、表示される本や商品の内容は異なる。

私の場合でも同様で、以前は社会科学系の学術書しか表示されなかったのだが、現在の私の Amazon のページはファッションやダイビング、フィットネス関係の商品が表示されるようになったし、頻繁にそれらの商品の購入を促す DM が届くようになった。これは、One to One マーケティングにおけるレコメンデーションやリターゲティング広告と言われる手法である。

これをアプリ婚活で応用できないだろうか？

メッキが剥がれていく音がする

Yamaguchi　2022年5月25日

確かに、One to One マーケティングやマイクロマーケティングの手法を用いれば、マッチング率が向上するだろう。

しかし、アプリ婚活でこれらのマーケティング手法を実施するには問題点がいくつかあることに、簡単に気づいた。

まず、マッチングアプリを利用している女性一人ひとりの属性に基づくニーズを、私が知る方法が事実上ない点である。

そもそも、マーケティングの手法を導入してからPV数は上昇を続けているが、**どのような女性が私に関心を持っているのかは、女性側からマッチングの申し込みが来たときにしか分からない**仕様になっていた（少なくとも、利用しているアプリでは）。

どのようなプロフィールの女性がアクセスしたのかは、年齢や学歴といったざっくりとした指標すら、ユーザー側からは分からないのだ。これでは、マイクロマーケティングをユーザー側からは仕掛けることができない（個人情報の保護という観点からは、当然かもしれないが）。

週に何度かアプリ運営会社からオススメの女性＝レコメンデーション・リターゲティング広告が届くが、その内容を見る限り、「私の検索履歴に基づいた選別」でしかない。

マッチングの向上を目指すのであれば、「私か、私に似た属性の男性を検索・閲覧し、申込みをした経験のある女性」のレコメンデーション・リターゲティングするほうが、絶対に効果的だと思うんですが？

他方で、One to One マーケティングやマイクロマーケティングの考え方は、私自身の持つ大きな問題点を浮き彫りにしてくれる。究極的には「顧客一人ひとり」の属性やニーズに合わせてカスタマイズしたこれらのマーケティング方法は、消費者に「特別な体験」を提供するがゆえに実際の購買行動につながると指摘されている。

例えば、ある自動車に興味を持つユーザーに対して、自動車メーカー側が「1ヶ月の試乗体験モニター」のオファーを出す。

企業から「モニター」として選ばれた優越感と、モニターとして他者に SNS 上でその車の試乗体験を定期的に報告するという経験は、情報を発信する消費者にもその情報を受け取る消費者にも「実際にこのメーカーの車を買おう（車に乗ってみたい）」という意思決定を促していくことになる。マイクロなマーケティングが実際の購買行動につながるのは、その製品やサービスから離れられない「特別な体験」を提供しているからなのだ。

翻って、私とマッチングした女性とのメッセージのやり取りの記録を見直していくと、なかなかにひどいものだった。

多くの女性がダイビングやフィットネス、海外旅行について関心を持ってくれているのに、私はろくなことを話せていないのだ。ダイビングやフィットネスは始めたばかりの付け焼き刃であり、海外旅行は実際のところ、学会報告の出張でしかなく観光はほとんどしていなかった。

せっかくプロフィール上の「私」に興味を持ってマッチングしてくれたのに、実際の私はメッセージのやり取りを通じて「特別な体験」を女性に提供できていなかったのだ。
これでは詐欺と思われてしまうかもしれない。
というか、ほとんどそうなのだが……。

とはいえ、ここで折れるわけにはいかない。付け焼き刃の薄っぺらい自分を受け入れた上で、それを克服する方法を考えていかねば、結婚どころか、女性と出会うというステージにすらたどり着かないのだ。

それでは、どうすればよいのだろうか？

この1ヶ月、マーケティング論の知見に基づいて試行錯誤を繰り返し、一定の成果を得てきた。しかし、この先はマーケティングの知見を応用するだけでは、婚活は難しいように思える。どうやらここからは、異なるアイディアが必要なようだ。

Check ▶▶▶

テクノロジーの変化とマーケティングの個別化

IT技術の進歩は、マーケティング手法を大きく変えていったと言えます。インターネット上での閲覧歴や購入歴に基づいて、「一人ひとりのリアルタイムのニーズの変化」を把握することが可能になったため、「各消費者に最適化された製品やサービスをPRし、直接販売につなげていく広告」ことが技術的に可能になったからです。

その代表例がネット社会の到来とともに台頭した成果報酬型の広告でしょう。TV広告はCMがテレビに流れた時点で報酬が発生するのに対して、利用者がWeb広告はクリックして広告ページを実際に視聴するか、実際に購買をクリックした回数で報酬が発生します。

IT系ベンチャーは、顧客の購入履歴や閲覧履歴という膨大なデーターベースを準備しeコマースを結びつけることで、顧客には「自分にカスタマイズされた広告という体験」を提供し、企業側には「直接売上の向上につながる広告」を提供していくという新たなビジネスモデルを構築していきました。

婚活はターゲットとする女性に特別な体験を提供しなければ成功しないと考えられますが、マッチングアプリの仕組みを考えると、成果報酬型広告のような仕込みをするのは難しいと思いますが……Yamaguchiさんは、そこを乗り越えられるのでしょうか？

第2章

予想通りに不合理な婚活

行動経済学編

話が長続きしない件について
〜マーケティング的
アプリ婚活の落とし穴〜

Yamaguchi　2022年5月28日

マーケティングの知識を導入することによって、私のマッチングアプリでの婚活は大きな発展を見せるとともに、課題も明確化してしまった。

発展はPV数が大きく伸びたことだ。
プロフィールページに掲載した私の写真は、少なくとも大多数の女性が好む容姿ではないと思うが、「女性の傾向」を踏まえたプロフィールページの作り込みは、容姿の不利をカバーする効果があったと考えていいのだろう。

あとは、作り込んだプロフィールと実際の私を近づけるだけだ。まあそこが一番の難題なのだが……。

そういえば、先月注文したBMW X3は昨日納車された。
試乗もしないまま買ったので、いざ運転してみると想像以上に大きく、思わず笑ってしまった。
ドライブデートのときに女性に不安を抱かせてはまずいので、空いている夜の道で運転の練習をしている。
そしてプロフィールが嘘にならないようにパーソナルジムにも

通い始めて1ヶ月経つのだが、週3回の運動と厳格な食事管理の効果で、明確に体つきが変わり始めていた。

しかし相変わらず、マッチングしてメッセージのやり取りを繰り返しているうちに、私のプロフィールとの差に気付かれてしまい、マッチングが解消されてしまう……。

いくら自分を改善しようとも、マッチング→メッセージのやり取り→出会う（デート）の段階を踏まねば結婚にはたどり着かないのに、未だデートにまでたどり着かない。
どうしたものだろうか……。

「俺は、お前の話は面白いと思うんだけど……、メッセージのやり取りを見る限り、これじゃ続かないだろ」

例によって真田にメッセージの内容を見せて相談した所、苦笑いをしつつ「就活の面接じゃないんだから」と言われた。

「……論文ばかり読んで、人付き合いを怠ってきたツケが回ってきてるぞこれは」

そう言って、真田は自分のスマホを操作して、自分のマッチングアプリを開いて、女性とのメッセージのやり取りを見せてくれた。

そこにあるのは、「〇〇のカフェの××が美味しくてオススメ」とか、「〇〇したいなら、△△に行くのが良いよ」とか、女性の趣味や興味に合わせた、これまでの私が見たら、必要性の感じないような雑談だった。そうかこんな会話が必要だったんだな。

「お前は婚活を就活と思ってやっているかもしれないけどさ、結婚ってこの先一生付き合う相手を選ぶ事務作業じゃないんだからな。メッセージのやり取りは、お互いのデータを交換するためにするんじゃなくて、相手の人となりを知るためにすることなんだ。俺はお前のことは面白い奴だと思っているけど、このメッセージのやり取りだと、その面白さが1%も伝わらないよ……。お前が無駄と切り捨ててきた、どうでもよい雑談と向き合うことから始めなきゃ難しいんじゃないか？」

コメント

タダ

面接って……どんなメッセージのやり取りしているの…？

kakky

メッセージのやり取り、難しいですよね。お互いのバックグラウンドを知らない相手とテキストベースで仲良くなるって、ホント無理……。

予想通りに不合理な恋愛

Yamaguchi　2022年5月30日

以前の投稿の際に真田から言われたことは、実は私自身が自覚し始めてきた人間としての薄っぺらさを見透かされたようで、ショックだった。

とはいえ落ち込んではいられない。
彼が言うように女性以前に人と付き合うコミュニケーション能力を磨かなければならないが、そのためにはまず、女性と出会わなきゃいけないという恐ろしいジレンマがある。
このジレンマを克服するためには、ひとまず私の人としての至らなさも然ることながら、とりあえず「マッチング」から実際のデートにたどり着くための新たな方法を見出すのも手だろう。

さて、どうしたものか。そう考えながら、研究室で同僚の先生から献本していただいた新刊をペラペラめくっていると、「これだ！」という閃きを得た。

新刊を提供してくれた同僚の書籍というのが、行動経済学の一般向け入門書だった。マーケティング論や意思決定論を中心に、経営学への応用も進んでいて、同僚はその第一人者だった。
彼の新刊を読み進めていくうちに、これは使えるかもしれない、と思うようになった。

行動経済学は、心理学的エビデンスに基づいた経済主体を前提に、経済学の再体系化を試みる、比較的新しい学問だ。この「心理学的エビデンスに基づいた経済主体」というのがポイントだ。

一般的に我々がイメージする古典的な経済理論は、経済主体が効用の最大化を求めて合理的に行動することを前提としてきた。

人はできるだけ損をせず、得をするように行動する。給与が時給制なら、1円でも高い仕事を選ぶ。同じ時給なら、できるだけ楽な仕事を選ぶ。現実はもっと複雑で、スタート時点で同じ給与であっても、昇給カーブと生涯年収、自分が今何歳で、いつまで働くことができるのか、ということまで考えていくと選択肢はどんどん増えていくことになる。

それでも行動の根本にあるのは「効用の最大化」であるため、それを前提としたモデルで経済現象が説明できる、と考えるのが伝統的な経済学だ。

ただ、「効用の最大化」を求めて「合理的に行動する」というのが、当たり前の前提に見えて、実はそうでもないというのが曲者だ。**人は平気で、「効用の最大化」とは真逆の行動をする。**

この非合理を非合理として受け入れ、モデル化して説明していこうとするのが、行動経済学の特徴だ。恋愛とは人間でもっとも不可解かつ非合理的な行為だ。だからこそ婚活に、行動経済学の考え方を応用できるかもしれないと思った。

Check ▶▶▶

行動経済学のひろがり

行動経済学は、1990年代以後に急速に発展し、ダニエル・カーネマン（2002年）、ロバート・シラー（2013年）、リチャード・セイラー（2017年）と2000年以後に3名のノーベル経済学賞受賞者を出した、注目の研究領域です。

Yamaguchiさんも指摘していますが、行動経済学の特徴は「人々は合理的に行動する（限りなく低コストで高い利潤が得られるように行動する）」という仮定を否定し、従来は「認知の歪み」とされてきた人々の意思決定を、社会心理学の成果を取り入れることでモデル化していくことにあります。

ときに不可解な動きを見せる為替や株式市場の投資行動について、従来の経済学とは異なる説明が可能になったことで行動経済学は注目されました。

行動経済学は社会心理学の実験によって明らかにされた「人間の自然な意思決定」を経済学的にモデル化していることから、経営学のみならず政治学や行政学にも応用され、政策決定の基盤としても積極的に利用されています。

ここ数年流行した、恋愛工学もこの行動経済学からアイディアを応用しているケースが見受けられますが多くは対面の場に限定されるように思えます。Yamaguchiさんはアプリ上で、どういう形で行動経済学を実行に移すつもりでしょうか？

「今しか会えない私」の作り方
〜プロスペクト理論編〜

Yamaguchi　2022年6月1日

行動経済学の特徴を説明するにあたり、よく紹介されるのが、カーネマンの「プロスペクト理論」だ。

簡単にまとめてしまうと、プロスペクト理論とは「人々が利益や損失に対する期待や予期が、投資を始めとした意思決定行動の偏り（アノマリー）を生み出す」ことに注目した理論だ。

ここで行動経済学が面白いのは、このような心理学実験の結果から見出した**意思決定の偏りを受け入れて経済学的にモデル化し、不可思議な経済現象の分析を進めるだけでなく、現実社会へのソリューションへと発展させていくことだ。**

このプロスペクト理論に基づいて、以下のように早期退職を進めていくことも可能だろう。

例えば、早期退職者には退職金を20%上乗せするというアナウンスをしたとしよう。年功序列制の賃金体系の場合、実は定年まで給与をもらった上で、退職金を受給するほうがトータルでもらえる金額は大きくなる。

しかし、20%上乗せというのがポイントになる。

今、より多くの退職金をもらえる状況が与えられた時、人は必ずしも合理的に判断できなくなる。将来的に今の給与体系が維持されるとは限らないかもしれない、自分の定年まで会社が続いているかどうか分からない、若いうちにもらえる金をもらったほうが人生にとってプラスに使えるかもしれない……などの心理が働き、早期退職を選択する従業員が一定数出現する。

そういう心の揺れを、「非合理的意思決定」と切り捨てるのではなく、「どう上手く使うのか？」という視点からモデル化して社会に実装するソリューションを考えていくことが、行動経済学の持つ「面白さ」だと思う。

だとしたらプロスペクト理論の考え方を、アプリ婚活に応用できるのではないだろうか。

プロスペクト理論を政策や経営に応用する際に重要なことは、対象とする人々が偏りのある心理を持つことを前提とした上で、言葉の表現で状況を限定し、特定の方向に人々の意思決定を誘導していくことにある。そのことを踏まえて、現在のプロフィールページの PR 文章を見直してみよう。

現状のプロフィールは、婚活市場で活動する女性の平均的（＝ボリュームゾーン）のニーズに基づいて、作り込んだものである。その意味では、マーケティング論としては「正しい」内容である。他方でプロスペクト理論に基づいて見直すと、関心を引くことはあっても、「この人とマッチングして話してみよう。会ってみよう」という方向に意思決定を誘導する状況設定にはなっていない。

そこで、婚活女性にも損失回避性（目の前の利得は取り、損失は回避する傾向）を有していると仮定して、プロフィールを以下のように改定してみた。

4月1日よりアプリの利用を始めました。

都内の大学で大学教員をしています。
職業柄、同年代の女性との出会いが少ないので、周りに勧められてアプリの利用を始めました！
趣味は夏にスキューバダイビング、冬はスキーを楽しんでいますが、普段は仕事終わりにカフェで読書を楽しんでいます。
年に数回、ヨーロッパを中心に旅行しており、これまで15カ国に渡航しました。
ライフスタイルを共有できる方と、出会えたら嬉しいです。

①現在、大学の研究活動期間で授業がなく、時間に融通の利くこのタイミングにどなたかと出会えたら……と思うので、積極的にマッチングをお受けしたいと思っています！

②また結婚を見据えたお付き合いをしたいと考えており、
交際後はアプリを退会するつもりです。

年齢：35歳
身長：178cm
体型：がっしり
職種：大学准教授
年収：800万～1000万

このように、損失回避性に基づいた状況設定を、従来のプロフィールに追記した。①は今だけマッチングしやすいという「利得」を提示し、②は「この機会を逃すと、いつマッチングアプリから退会するか分からない」という「損失」を提示するものだ。

この追記で、プロスペクト理論の通りに、私のプロフィールを見た女性の一定数がマッチングの申込みをしてくれればよいのだが、とりあえずは行動経済学をアプリ婚活に応用する実験だと思い、結果を観察していくことにしよう。

コメント

タダ

アプリだと他にいくらでも同じ条件の相手を探せるので、損失回避性は働きにくいのでは？

kakky

プロフィール作成だけではなく、メッセージのやり取りでもプロスペクト理論が使えそうな気がしますが、Yamaguchiさんはどうしていますか？

Check ▶▶▶

カーネマンの実験

Yamaguchiさんが注目したプロスペクト理論は、提唱者であるカーネマンが実施した以下の実験に基づいています。

質問1:以下の二つの選択肢が提示されたものとする。
選択肢A:100万円が無条件で手に入る。
選択肢B:コインを投げ、表が出たら200万円が手に入るが、裏が出たら何も手に入らない。

質問2:200万円の負債を抱えているものとする。そのとき、同様に以下の二つの選択肢が提示されたものとする。
選択肢A:無条件で負債が100万円減額される。
選択肢B:コインを投げ、表が出たら支払いが全額免除されるが、裏が出たら負債総額は変わらない。

実はどちらの質問も、「200万円得る可能性を捨てれば、確実に100万円手に入る」ことが選択肢Aで提示されています。

合理的に考えれば、どちらの質問でも選択肢Aを選びます。

しかし実験では、質問2では選択肢B「表が出たら支払いが全額免除されるが、裏が出たら負債総額は変わらない」を選ぶ人が多く現れました。質問1と質問2の違いは、「臨時収入を得られるか」「負債が減額されるのか?」という点です。被験者は質問2を読んだ際に、どうせ返さなければならない負債ならば、半減するより免除される方が良い、という心理が働いた訳です。これを行動経済学では「損失回避性」と表現します。

高級スーパーの値付け理論
～アンカリング効果編～

Yamaguchi　2022年6月12日

行動経済学の本を読み進めていくうちに「これは面白いな」と思ったのが、モデルを作るために様々な心理学的実験を行うことだ。経営学者はアンケート調査やフィールドワークを行うことはあっても、実験を行うことはほとんどないのでコレは新鮮だ。

アプリのプロフィールを色々弄って、PV数やマッチング数が変化するのを確認するのも実験的だし、アプリ婚活の理論を作り上げるつもりなら、ここは色々実験を仕込んでいくのも面白いかもしれない。
そう考えた時に注目したのが、行動経済学で提唱される「アンカリング」という考え方だ。

行動経済学では、人々の意思決定が偏ってしまう認知バイアスに注目する。その代表的な認知バイアスが、アンカリングだ。
アンカリングとは、簡単に言ってしまえば、**先行する何らかの数値が、アンカー（錨）となって後の数値の判断が歪められてしまうこと**だ。

有名なのが、ベストセラーでもある『予想どおりに不合理』の著者であるダン・アリエリーが講義で行った実験である。彼は受講生に対して、彼らの社会保障番号の下2桁と同じ値段（ドル）で、ワインやチョコレートなど6種の品物を買うかどうかを質問した。結果は、社会保障番号の下2桁の数字が大きい人ほど、買い物に多くの金額を費やそうとしていたのだ。

つまり、「どの程度の予算で買い物をするのか？」という**意思決定が、事前に設定された数値（社会保障番号の下２桁）によって拘束された（アンカリングされた）**というわけだ。

このアンカリングは、上手く使えば店舗の売上を向上させることにも使えるだろう。**人々の購買行動は、おそらくは入店直後の一番目に付く位置にある商品の値札にアンカリングされる。**

例えば、客寄せを狙って特売品を入り口に並べると、その価格にアンカリングされてしまい、他の商品がいかに「オトクな価格」で販売していたとしても、アンカリングされている価格以上の商品は「売れづらく」なってしまう。
逆に、入り口付近にはあえて「ちょっとお高めの価格」の商品を置いておき、奥に入るほど「値引き」の大きい値札のついている商品を並べておけば、「安い」と判断して買ってもらえる可能性が高くなるのではないだろうか。

プロスペクト理論が「表現で状況を設定する」ことで現実への応用を進めていくように、アンカリングも「数値」である必要はない。よく言葉遊びで行われる10回クイズ「ピザって10回言って→肘を指差して「ここは？」と問う」も、アンカリングの効果があるから成立する遊びだと言える。

脱線してしまった。

要は、アンカリングとは意思決定の傾向は、直前に用意されたアンカーによってもたらされているというところに肝があると考えてよいだろう。このことを踏まえた上で、プロスペクト理論に基づいて改定したプロフィールページの冒頭を入れ替えて、以下のような小細工を施してみた。

4月1日よりアプリの利用を始めました。

①現在、大学の研究活動期間で授業がなく、時間に融通の利くこのタイミングにどなたかと出会えたら……と思うので、積極的にマッチングをお受けしたいと思っています！

②また結婚を見据えたお付き合いをしたいと考えており、交際後はアプリを退会するつもりです。

都内の大学で大学教員をしています。
職業柄、同年代の女性との出会いが少ないので、周りに勧められてアプリの利用を始めました！
（以下同文）

アプリ利用中の意思決定とは、「この人にマッチングの申込みをするか？」「この人からのマッチングの申込みを受けるか？」というものだ。

前回での改訂ではこのマッチングを促すために、「マッチングした方が得ですよ」という状況設定を行った。

しかし、**この状況設定が最後にあると、アンカリング効果を期待できない**だろう。まず、「マッチングした方が得である」というアンカリングをしてから、プロフィールを見せたほうが良いだろう。

文章としては唐突感が有り、いささか不自然であるのだけど、とりあえずは行動経済学に基づいて活動することが大事だ。

コメント

バブリシャス

10回クイズを婚活に応用……？w

タダ

マッチング・アプリだと、他の人をいくらでも選べる仕組みになっているので、この程度の変更でアンカリングになるか疑問だけどな

メシの写真の力は偉大
～ナッジ効果編～

Yamaguchi　　2022年6月15日

プロスペクト理論とアンカリング効果に基づくプロフィールの改訂を実施して、1週間が経過した。文字数的には4行ほどの改訂でしかないのであるが、明らかにマッチングの申込数が増えた。これまでは1ヶ月に1～2件のマッチング申込みであったが、この１週間で10件ほどの申込みがあった！すごい！

本当にモテる人と比べたら些細な数かもしれないが、行動経済学の応用は私に10倍の効果をもたらしてくれたと言えるだろう。

ここで問題となるのが、「メッセージのやり取り」だ。

以前から問題になっているように、プロフィールに書いた「フィットネス」や「ダイビング」という趣味は、平均的なユーザーニーズに基づいて執筆し、後追いで始めた付け焼き刃の趣味でしか無い。本当に「フィットネス」や「ダイビング」が好きな女性とマッチングした時、会話が続かない上に、「底の浅さ」が伝わった瞬間にマッチングを解消されてしまう。

プロフィール上で「マッチングの申し込みには全てお受けします」と宣言しているため、現在は10名の女性と同時並行でメッセージのやり取りをこなさなければならないのだが、このままでは全てのマッチングが解消されるのも時間の問題……！

そのときに思い出したのが、真田が見せてくれたメッセージのやり取りの内容だった。実はそのほとんどが「どこのお店の何が美味しいのか？」についての話題であり、度々、彼が食べた料理の写真を送っていた。

「ご飯の写真って簡単に興味を引きやすいし、デートのきっかけにもなるんだよ」

真田自身がグルメであるというのもあるが、彼が料理を話題の中心に据えるのには明確な意図があるのだ。

つまり、自分が食べた料理の写真を「映える」ように見せることで、「写真の料理美味しそう！→どのお店で食べたんですか？」と会話を誘導し、「じゃあ、一緒に食べに行きませんか？」とメッセージのやり取りを進めて、実際のデートに進めていけるのだそうだ。

この話を聞いた時「ナッジじゃん！」と思った。これまで行動経済学を応用したアプリ婚活を、プロフィールの改訂に用いてマッチング成立の向上へと結びつけることにしか、頭になかった。

しかし、行動経済学は、人々の意思決定に関わる全ての行動に、広く応用可能なのだ。むしろ、メッセージのやり取りの場面こそが、応用できる場だろう。

プロフィールをどう改定するのかに熱中していた私は、自分で設定した「認知バイアスの罠」にハマっていたのである。

さて、ナッジとは行動経済学者リチャード・セイラーと法学者キャス・サンスティーンの著書『NUDGE：実践 行動経済学』において提唱された、行動に影響を与えるための方法である。その特徴は、**インセンティブや罰則ではなく、ナッジ（＝そっと小突く）をすることで、人々の行動を一定の行動へと導いていくこと**である。

例えば、最近のコンビニエンスストアには、床に○や足跡のマークを等間隔で記載した矢印を引いていることが多い。

この矢印が引かれていることで、「このライン上で、等間隔で並べばよいのか」と、買い物客のほうが自発的に考えて並んでくれる。そうすることで、レジの前で混雑が生じたり、割り込みでトラブルが生じる可能性が減る。

こういう、**「人の意思決定」を自分の望む方向に、自ずと誘導するように「そっと小突く」工夫**をすることが、「ナッジ」だ。

ここまで私が応用してきたプロスペクト理論やアンカリング効果では「言葉」で状況を設定することを重視してきた。

ナッジはそれを一歩進めて、図形や空間のレイアウトそのものに、「意思決定を一定の方向に誘導する」仕掛けを導入していくことで、低コストかつ安全に社会全体の利益を拡大していこうとするものだ。

真田がマッチングアプリに料理の写真を多く掲載しているの

も、まさにナッジ効果を利用しているのだ。

そこでその日の夜に、焼き肉、寿司、フレンチのお店に向かった。それぞれ、食べログの上位に来る有名店から店をピックアップし、予約なしの飛び込みで入店できるお店をハシゴして、5時間あまりで焼き肉、寿司、フレンチを連続で食べ切った。
※もちろんパーソナルトレーナーには怒られた。

そして出てきた料理は、全ての料理を写真に収めた。あとは、これらの写真をプロフィールページの最初のほうにまとめてアップロードして、プロフィールに少し手を加えるだけである！

コメント

タダ

リトルグリーンメンのまんじゅうを咥えてる女性が多いのもそういう理由……？

kakky

とはいえ、ラーメンとかじゃダメなんでしょう。高級フレンチとか、経済状況やセンスを問う意味での食事写真なら、面倒ですね。

始めたからには止められない
～サンクコスト編～

Yamaguchi　2022年7月10日

ナッジ効果の考え方に基づいてプロフィールページの写真を一挙に更新した効果は、すぐに現れた。

送られてくるメッセージの内容が変わってきたのだ。

これまでは「どこでダイビングしているんですか？」「ジムではどのようなトレーニングをされているのですか？」と趣味の内容を深掘りするような質問ばかりであったのに対して「プロフィールの写真の料理、美味しそうですね～！」というメッセージが目立って増えてきたのだ。

こうなると、アドバイスをしてくれた真田が教えてくれたように、「美味しそうですね→どのお店で食べたのですか？」→「じゃあ、一緒に食べに行きませんか？」とメッセージのやり取りを動かしていけば良い。

あれだけ苦労したのが何だったのかと思うくらい、デートの約束へと進んでいった。また、ナッジ効果で会話の方向性を誘導できるので、同時並行で数人の女性とメッセージをやり取りしていっても、その内容はほぼテンプレートで進めていくことができる。望んでいる結果を、最小のコストとリスクで実現していく、まさにナッジが目指す通りのアプリ婚活が進みつつある。

来週から、週2～3人の女性と食事デートに行くスケジュールになっている。もちろん、対面で私の「付け焼き刃の薄っぺらさ」がバレてしまうかもしれない。でもそれでさえ大きな第一歩だ。人間は、経験から学んでいくのだから。私はその経験を、行動経済学の考え方を応用してクリアしていこうと考えている。

先日、無理をして焼き肉、寿司、フレンチのお店をハシゴしたのは、可能な限り「食べ物」の話題で会話をつないでいくためだ。上手くいけば、焼き肉の後は寿司、寿司の後はフレンチを食べに行こうと、自然にデートに誘うことが可能になると考えられる……！

もちろん、女性ごとに食事の好みもあるだろうから、メッセージのやり取りの中で窺える女性の行動圏内で、食べログで上位に入ったり、テレビやWebで紹介されて話題になっているお店はピックアップし、データベース化していつでも会話で取り出す＝ナッジできる状況を整えている。

このように、ナッジを応用してデートを繰り返していくうちに、サンクコスト効果を生み出し、真剣交際から結婚への道を切り開くというのが、私が現在考えている行動経済学を応用したアプリ婚活の戦略だ。

ビジネスや投資の世界では、現在行っている行動が失敗であると判断した瞬間に、すぱっと撤退するのが最も「損をしない」意思決定である。

しかし、頭の中ではそれが最も合理的であると分かっていても、実際には損切りすることができず、ダラダラと現在の行動を続けて決定的なインシデントが生じるまでやめられないことが多い。日常生活の中でも、「次は当たるから」と続けてしまうギャンブルなどが典型だろう。行動経済学では、**従来の行動のために投資した時間やお金が積み重なるほど＝サンクコストが増大するほどに、撤退が難しくなる**ことを指摘している。

これは、男女の関係でも同じことが言えるのではないだろうか。私の身の回りにも、険悪と言えるほど仲が悪いのに、離婚しない夫婦が散見される。恋人として恋愛関係を構築し、結婚し、子供を授かり、育てるという夫婦生活に費やした時間とお金がサンクコストとなり、「離婚はできない」という意思決定を下しているのかもしれない……？

私自身、研究者としての能力や実績は別として、女性から見るとさほど魅力がない、「薄っぺらな付け焼き刃人間」であるという自覚はある。社会的な立場上は「大学准教授」と多少立派なものかもしれないが、その実態はダメ男とそう変わらない。

そんな私が、マッチングアプリを通じて出会い、実際の交際につなげて結婚に到達するためには、とにかくデートを繰り返し、結婚適齢期の女性にとっていちばん大事な時間を投下してもらうことで、サンクコストを積み上げていくというのも一つの戦略だろう。最初のデートが始まるこの週末からが、いよいよ婚活の正念場が始まる。

コメント

kakky

ダメ男と付き合い始めると、ズルズル関係を続けちゃうのもサンクコスト効果のせいなんですかね。それとも共依存……？

3回目の壁にぶつかる

Yamaguchi　　2022年7月31日

初めてのデートから、3週間が経過した。

ナッジが上手く機能しているのか、デートでの会話もぎこちないながら上手く進み、2回目、3回目のデートの約束もスムーズに取り付けることができている。

私自身、これだけ短期間で女性と会話する機会を得ると、それなりに上手く会話できるようになってきた……ような気がする。

特に、コミュニケーションスキルの高い女性とのデートは、「聞き上手」とはこういうことかと感心することも多く学びが大きかった。行動経済学を応用して、とにかくアプリ上でのやり取りから「女性と実際に出会う」機会を獲得できて、良かったと心の底からそう思える。

他方で、不可思議な現象にも直面していた。

毎週、どこかに食事に誘う形で次のデートを確保してきたのだが、ほとんどの女性から、3回目で断られるという事態に直面している。どのデートでも会話がはずみ、楽しく食事ができていたと思うだが、3回目のデートのお誘いを丁寧なメッセージで断られるのはまだいい方で、マッチングをいきなり解消されることも体験した。

どうやら結婚相談所では「3回目の壁」という言葉があるらしいことを知った。3回目のデートまでに、「この人と恋人として付き合ってみよう」とか、「この人と結婚したい」と女性に思わせない限り、婚活でのデートは続かないのだそうだ。

よく考えれば「3回目の壁」というのは、行動経済学的に正しい現象なのかもしれない。取り返しのつかないサンクコストが蓄積する前に、目の前の男性との交際を断る。

それは、色々な男性とアプリを通じて出会えるという状況設定において、非合理に見えて本人にとっては合理的な行動なのだろう。

とはいえ、ナッジ効果なのか、マッチングの申込みは以前と同じく週2～3通のペースで届いている。心折れずにデートを続けていけば、狙い通りに真剣交際の段階に進めるだろう。

Check ▶▶▶

サンクコストがミスを誘導する

「サンクコスト＝埋没費用」とは、事業や行為に投下した資金・労力のうち、事業や行為の撤退・縮小・中止をしても戻ってこない資金や労力を意味します。いまや日常用語にもなっていますが、実は行動経済学の重要概念でもあります。

このサンクコストで有名なのが、「コンコルド効果」です。1976年に運用が始まったコンコルドは、英仏企業が共同開発した世界唯一の超音速旅客機でした。

マッハ2.2の移動速度が最大の魅力ですが、その速度を可能にするために座席が極めて少なく、燃費が悪く、とても飛行音がうるさいという問題が露見し、多くの航空会社が導入を断念しました。

しかし、英仏共同プロジェクトで開発された超音速旅客機に多大な投資を行ってきたため、政府の全面バックアップのもと営業・製造が続けられ合計20機販売されました。しかし結局は開発費用を回収できないまま2003年に営業運用が終了となりました。

コンコルドに限らず、製品開発や広告で多額の資金や人員を投入した新製品ほど、当初の予定よりその新製品が売れなかった場合、投資分を回収せずに撤退することが難しくなります。Yamaguchiさんは、女性が自分に投資する時間＝メッセージのやり取りを増やしていくことで、「引くに引けないサンクコスト」を発生させようと考えたわけですね。

いつから錯覚していた？

Yamaguchi　2022年8月20日

「飯トモだったらいいけど、交際相手としては決め手にかけるかも……？」

　サンクコスト効果を狙ったデート戦略を繰り返していく中、ただ1人、5回目のデートまでたどり着いた女性に、交際を申込んだ。彼女の年齢は28歳であり、来月には29歳になるそうだ。

　誕生日のお祝いにここで食べたいと、いつもの予算の倍（！）くらいするフレンチのお店をねだられていたのだが、誕生日に一緒に過ごしていい相手として私を選んでも、交際の相手としてみなすことはできないということ……？

　負け犬の遠吠えを承知で言うが、29歳と女性の方が結婚に焦る状況なのではないだろうか。それこそ、サンクコスト効果が発揮されるのでは……？　すいません、失言かもしれない。

「婚活だから、色んな人と出会えるんだよね。その中でYamaguchiさんは3番目くらい。私を恋人にしたいなら、もう一声」

　その日の夜、彼女はそう言って店を出た。私はショックで何も言えなかった。次の日の朝、「今日はごちそうさまでした！　来週のフレンチの予約、お願いします！」とアプリを通じてメッセージが届いていた。よく考えれば、私は彼女から携帯電話番号もLINEも教えてもらっていなかった。

なにはともあれ、彼女が希望するレストランに予約を入れるか……とスマホを触りながら、ふと気づいた。

一体いつから、私がサンクコストに囚われていないと、錯覚していた……？

行動経済学を応用しているつもりで、自分が行動経済学的なドツボにハマっていたのだ。私は。

「その中でYamaguchiさんは3番目くらい」

彼女の別れ際の言葉が、フラッシュバックのように響いた。

そうだ。私は、アプリ婚活を女性と男性が、多数対多数のPR合戦を経て、1対1のコミュニケーションというルートを経て結婚に至ると思い込んでいた。
今まさに、私が同時並行で複数の女性とメッセージのやり取りをしているように、女性も複数の男性とコミュニケーションをとり、結婚にふさわしい男性を検索しているのだ。

だとすると、いかに女性を惹きつけるのか（マーケティング）とか、いかに女性の意思決定をコントロールするのか（行動経済学）という考え方そのものが、間違っていたのかもしれない。

そもそも、婚活において最大の競争相手は、同じアプリを利用している数万人の男性会員なのだ。

この男性たちとの競争に勝ち抜いて初めて、女性と出会い、交際し、結婚できる。

だとしたら必要なのは、競争相手にどう勝つのか、すなわち経営戦略の考え方なのではないだろうか？

コメント

keigo

しっかり自分がサンクコストに囚われてて草。

バブリシャス

今更、競合の存在に気付くんかい。
つーか、こんなこと言ってくる女性はそもそも脈がないだろ！

第3章

挑むべきは女性ではなく男性

経営戦略編

理論武装の敗北

Yamaguchi　2022年8月26日

マス・マーケティングからマイクロマーケティング、One to One マーケティングに至るまで、「企業側が顧客情報を何らかの方法で獲得し、特定の顧客の属性（セグメント）を確定していくことで、製品政策から流通政策までを確定し、マネジメントしていく」という点で、共通した認識前提を保有しているように思える。

一見、マッチングアプリで婚活するにあたって、女性に興味を持ってもらい、私と出会ってみたい＝マッチングしてみようという意思決定を導くために、マーケティングの考え方は役に立つように思える。

しかし、マッチングアプリは顧客（＝女性）の情報を、男性＝私が調査していくことには、技術的限界がある。

マッチングアプリとは、年齢・職業・年収・学歴・趣味などの指標で顧客情報をデータ化して、顧客がおのおのに希望する交際相手のパラメータを設定して、交際相手を探す仕組みになっている。つまり、**マッチングアプリそのものが、各顧客が「理想とする交際相手」を描いて検索する仕組みになっており、顧客（＝女性）が検索していくなかで自分がどのように見られているのかに**

ついては、PV数やマッチングの申込数の上下でしか分からない仕組みになっているのだ。

基本的にマーケティングの知識で応用できそうなのは、古典的な4P／4Cに基づいて、プロフィールページの写真とプロフィール内容を磨き上げて、PV数やマッチングの申込み数が上昇するのを待つという受動的な方法に留まってしまうのは考えものだ。

行動経済学は、基本的なマーケティング手法でプロフィールページのPV数を稼いだ上で、各種手法をPR文章などに仕込んでいくことで「興味を引いたり」「実際にマッチングする」までのシナジー効果が期待できるだろう。

これは、経営学でもマーケティング論や意思決定論に行動経済学の知見が進んで導入されていることも無関係ではないだろう。この両者は、シナジーが効くのだ。

しかしながら、マーケティングや行動経済学の考え方で実際に女性と出会っていく中で、これらの学問的知見をアプリ婚活に応用することの限界も見えてきた。

「その中でYamaguchiさんは3番目くらい」

先日の女性から投げかけられた、この言葉が全てだろう。

Check ▶▶▶

組織は戦略に従う

アンゾフと並んで、経営組織論、経営戦略論の双方に多大な影響を与えたチャンドラー（Chandler, A. D）の『経営戦略と組織』を知っておいて損はありません。

「組織は戦略に従う」という命題を目にしたことがある人は多いと思います。この命題は、1900年代前半に米国において巨大企業が出現していった時代に注目したチャンドラーによって提唱されました。その命題のもとになったのが、有名なデュポンの多角化戦略と事業部制の導入の事例です。

デュポンは第一次世界大戦による巨大な火薬需要に少品種大量生産に対応した職能性組織を採用し、巨大企業へと成長しました。ところが終戦後に火薬需要が低下すると、火薬製造に特化した巨大な製造設備や販売体制そのものが負債化します。同時代に巨大化した火薬メーカーは倒産するか、企業規模を縮小することで対応したのですが、デュポンは火薬の原材料を利用したベークライトやナイロンを開発し多角化戦略の実施を決断した上で、製品ごとに工場を分割して、それぞれに仕入れ・製造・販売と独立したユニット＝事業部として活動していく事業部制組織を整備し、企業規模を更に拡大して世界最大の化学メーカーに成長しました。

実はこの時代に巨大化した企業の多くが多角化戦略の導入に伴い、事業部制組織を導入しており、それ故にチャンドラーは、「組織は戦略に従う」という命題を提示したのです。

企業経営も婚活も、まず戦略を決めないことには先にすすめることは出来ないのかもしれませんね。

マーケの終わり、経営の始まり

Yamaguchi　　2022年9月3日

これまで私が実践してきた、マーケティング論や行動経済学を応用したアプリ婚活は、女性をターゲットにいかに感心を惹きつけ、マッチングを成立させていくのかを狙ったものだった。

しかし、女性側から見ると、データベース上から選べる男性のリストの中から、「ベストの1人」を比較して選び出すのが婚活なのだ。私はそこに、あまりにも無頓着すぎた。むしろ、あの女性にとっての「3番目」に私が入れたことを、幸運に思う必要があるだろう。

とはいえ、この学びから得られた、いかに他の婚活男性との競争に打ち勝つのか。つまり、ここからは「経営戦略論」の考え方が必要なのだ。

仮にマッチングアプリを楽天のようなｅコマースのプラットフォームと考えてみよう。「私」は楽天に出店したばかりの新規参入企業であり、「私」の店舗が提供している商品と同じ商品を取り扱う、競合他社が既に大量にある状態である。

競合他社の中には、楽天のプラットフォームの中で多くの取引を占有している会社も、特定のニッチ層の顧客を囲い込んでいる会社もあるだろう。その中で「株式会社・私」は、「私はある程度いい商品を保有しているから、顧客へのPRをしっかりやれば売れるはず」という、経営者として失格と言わざるを得ない勘違いをしていたと言えるだろう。

経営学者を名乗って職を得て、少なからず論文を書いて授業をして生活しているのに、なんという体たらくだろうか。

しかも都合がいいことに、**経営学者が自分自身の婚活体験に基づいて『婚活戦略：商品化される男女と市場の力学』（中央経済社）なんて本を書いているではないか！**

早速、『婚活戦略』を取り寄せて読んでみたのだが、婚活に臨んだ男性が直面する絶望と、婚活市場の力学をレバレッジとした女性の婚活戦略の解説がメインになっている。「無力化に耐えながら選ばれるまで自分磨きを続けて待つ」以外のソリューションがほしいんだよ！

例えば経営戦略論の大家といえばアンゾフ（Ansoff. I. H.）だ。アンゾフにとって経営戦略とは「計画」を作ることを意味するのは、意外に多くの人が知らないことだ。

読むのも嫌になるアンゾフの大著『戦略経営論』では、「シナジー効果（synergy effect）」を「企業の資源から、その部分的なものの総計よりも、大きな一種の結合利益を生み出すことのできる効果」と定義した上で、企業が目指すべき戦略（多角化戦略）としている。

このシナジー効果を実現するために、アンゾフは経営者が目指すべき戦略経営の10のステップを提示し、このステップを実現していく計画の策定と進捗管理を、経営者がやるべき戦略作成の具体的作業だと指摘したのだ。

- A　**トレンドの観察**（observation of trends）
- B　**目的の設定**（setting objectives）
- C　**脅威と機会の理解**（perception of threats and opportunities）
- D　**診断**（diagnosis）
- E　**代替案の醸成**（generation of alternatives）
- F　**代替案の選択**（selection of alternatives）
- G　**プログラム編成**（programming）
- H　**予算編成**（budgeting）
- I　**実行の指揮**（guiding implementation）
- J　**パフォーマンスの測定**（measuring performance）

図表5 戦略経営のステップ

アンゾフは難しいことを言っているようだが、伝えているメッセージは実にシンプルだ。

①戦略とは経営上の目標であり、企業が獲得する収益や競争上の優位を表現した抽象物である。
②この戦略を実行するために戦略計画が作成され、人・モノ・金の配分が行われるとともに、各部署で自律的な経営が可能になるとともに、その成果を確認・評価していくことが可能になる。
③戦略的経営とは、計画作成と実行と成果の確認といったPDCAを回していくプロセスそのものである。

戦略的経営とは「戦略を作り」「戦略を実行する計画を作り」「計画を実行し、分配する」することだ。

戦略的に行動するということは、決してキングダムの李牧や桓騎、王翦が繰り出すような「敵を欺き、出し抜いて優位に立つ」ような行動を指すわけではないし、アイデア一発で逆転する特効薬でもない。

そういえば、「そういう『特効薬』を口にするコンサルタントは、一切信じてはならない。ほとんどのコンサルは、アンゾフ的な戦略的管理のプロセスを地道に徹底しているだけなのだから」と大学時代の恩師が言っていたことを思い出した。

だとすれば、婚活戦略も「モテるための秘訣」みたいな話じゃないことになる。
たぶん、以下のようなプロセスを踏んで、段階的に進めていくべきだろう。

①競合する男性に対する競争優位を定義し、その競争優位が優位に働く戦略目標としての婚活戦略を策定する。
②婚活戦略を実行するために戦略計画を、資源（＝ほぼ、金と時間であるだろう）の分配を行う。
③1ヶ月サイクルで計画と進捗と成果の確認を行い、PDCAを回していく。

ここまで整理したら、これから私がすべきことが明確になるじゃないか。

まず、アンゾフにとってのシナジー効果に該当する、私が他の男性との競争優位が取れる戦略を、ちゃんと分析して生み出し、それを実行する計画を立てることだ！

コメント

たにし

大丈夫か。なんか小難しいことばっか言ってて、頭でっかちになってる気がするぞ。

バブリシャス

3行でどうぞ

競争優位の作り方

Yamaguchi　2022年9月4日

戦略的にアプリ婚活を進めていくためには、アンゾフが企業の取るべき戦略のコアにシナジー効果を定義したように、婚活にもコアとなる婚活戦略を決めなければならない。

この婚活戦略は、①他のアプリユーザーの男性に対して自分が優位になる方法であるとともに、②計画と資源分配に落とし込んで実行可能なもの、でなければならない。

さて、「他者より優位に立つための経営戦略」と言われたら、一も二もなくマイケル・ポーター（Michael Porter）だろう。

ビジネスマンの間でも、彼の『競争の戦略』（Competitive strategy: techniques for analyzing industries and competitors）を必読書にしている人は多いし、みんなが大好きなニッチ戦略も、彼が提唱した3つの基本戦略が元ネタになっている。

今や日常用語にもなっている「差別化」という概念を普及させたのが、ポーターの『競争の戦略』だというのは、言いすぎではないと思う。
ただ、「差別化」＝天才的な閃きから生まれる戦略という考えは誤りだ。ポーターが言う「差別化」の根幹を理解しないことには、私がアプリ婚活で優位に立つための、婚活戦略は永遠にたどり着かない。

ポーターは「経営学者」ということになっているが、実は経済学で博士号を取得していて、本来の専門は産業組織論であることは、意外に知られていない。

産業組織論では、企業間の競争形態として市場構造を分析し、特定の企業が超過利潤を独占するような競争を抑制し、社会的最適性を検討していくことを目指す。ポーターの革新性は、産業組織論の基本的発想を、企業を中心に、そっくり逆転させて、「自分が有利になる戦略の生み出し方」を提唱したことだ（図表6・7）。

コストリーダーシップ戦略

—効率化のために積極的な設備投資や販売促進を行うとともに、徹底的にコストを切り詰めていくことで低コスト体質を実現し、競合他社より価格面で低価格で製品やサービスを提供していく戦略（薄利多売）。

差別化戦略

—製品やサービスに特色をもたせ、競合他社にはない価値を提供していくことで、コストリーダーシップを実行する企業との競争を避ける戦略。

集中戦略

—競合企業の生産能力や流通網の限界を踏まえた上で、特定の地域やセグメントに経営資源を集中させる戦略。
コストリーダーシップ（コスト集中戦略）と差別化戦略（差別化集中戦略）の双方で実行可能である。

図表6 ポーターの3つの基本戦略

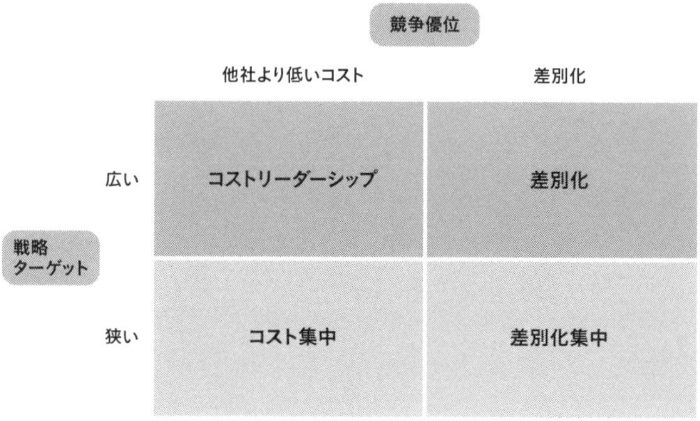

図表7 ポーターの基本戦略

つまり、差別化もこの延長線上で発生する競争戦略と考えなければならない。

多くの企業が「より低価格」を求める消費者をターゲットに価格争いをしているなら、あえて商品の品質への投資をして相対的な低価格を実現していくことで、他企業と競合関係（消費者を奪い合わない）にならないサブ市場の独占を目指すのが差別化戦略、ということなのだ。

集中戦略も「特定の地域に集中的に資源を投下しよう」なんて素朴なものではなくて、競合企業の生産設備や供給網の立地を分析し尽くした上で、「相手の届かない地域」の独占を狙うという戦略になる。

つまり、ポーターの競争戦略論の勘所は、競争の前提となっている産業構造の分析なのだ。企業の生産能力やコスト構造を踏まえて産業構造の分析を行わないと、「自社が採用可能な低価格戦略」が計算できない。

他者が「低価格」のために切り捨てた商品の機能が判明すれば、その機能を求める消費者の規模と、その消費者を独占するための戦略的な価格を計算することができる。

つまり、産業と自社の構造を分析することで、半自動的に自社が採用しうる競争戦略と、そのために実行すべき計画が決まっていくのだ。

コメント

タダ

Yamagushiさん、もう結婚じゃなくて、婚活の理論化が目的にすり替わってない？

kakky

アプリの仕組みと婚活市場の構造を前提に、最適化された戦略的オプションを検索するわけですね。

数撃ちゃ当たるは、正しかった

Yamaguchi　2022年9月5日

じゃあ、私に最適の婚活戦略を決定するアプリ婚活の産業構造はどのようなものになるだろうか？

まず、男女問わずアプリ婚活で実行可能な戦略的オプションは、アプリサービスに拘束されている。具体的には、以下のようなものだろう。

①アプリ利用者は入会と同時に属性（年齢・学歴・職業・年収・既婚歴の有無・身長体重etc.）でデータ化され、利用者が検索可能な状態になる。

②自分が恋人・配偶者に求める属性で検索し、写真やPR文を見て交際を希望する異性にマッチングの申込みを行う。マッチング後に、システム内のメッセージ機能で交際に向けたコミュニケーションを行う。

③アプリの利用料金は、女性は基本無料（メッセージのやり取りには月1000円程度の課金が必要な場合もある）、男性は月2000～5000円となる。1ヶ月、3ヶ月、6ヶ月、1年の長期プランが用意されており、男性は長期プランで契約するほど、1月あたりのコストが安くなる。

④１ヶ月あたりのマッチング申込数の上限が設定されており、追加料金を支払うことでマッチング枠を購入することが可能になる。これも、金額ごとにプランが用意されており、購入金額が多いほど1マッチング申込みあたりのコストが安くなる。

⑤利用者は20代前半～30代半ばの結婚適齢期がボリュームゾーンとなっているが、40～60代の利用者も存在する。また男女ともに属性（学歴・職業・年収）も、特に傾向が見られないかたちで広く分散している。

⑥スマートフォンから数分で登録可能で、最短１ヶ月で解約可能であるため、入会者・退会者の多い流動性の高い市場であると考えられる。

以上のアプリ婚活の市場構造を踏まえると、男性にとってもっとも合理的な基本戦略は以下のようなものになる。

・流動性が高く、全ての男性会員が競争相手となるため、いつ目当ての女性が退会したり、他の男性とマッチングするかがわからない状況にある。

・そのため、自分が配偶者に求める条件で検索し女性をリスト化した後は、深く考えずに1ヶ月あたりの上限数一杯までマッチングの申込みをする（さしあたって、これをショットガンアプローチとしておく）。

・マッチングをした後、メッセージのやり取りを通じて相手の人柄と相性を判断し、交際にまで進めていくかを考える（駄目なら切り捨て、次のマッチングを目指す）。

この「ショットガンアプローチ」を基本に、差別化や集中という考え方をかけ合わせると、婚活男性には以下の戦略的オプションが導かれる（図表８）。

① 量的ショットガンアプローチ

　マッチング申込みは長期プランほど、追加枠も高額購入のほうが1申込みあたりのコストが安くなることに注目し、長期プランでの契約＋予算の限り追加枠を大量購入し、条件に当てはまる女性全てにマッチングの申込みを行う。母集団の数を巨大にすれば、確率的にマッチングする回数が増え、交際→成婚に繋がりやすくなるという前提に基づいた戦略である。

② 質的ショットガンアプローチ

　マッチング成立の可能性を上げることを目標とし、マッチングの申込み「数」ではなく「質」を重視する。具体的には、「自分が女性に求める条件」ではなく、「配偶者に求める条件が、自分に当てはまる女性」を「自分が交際相手に求める条件に関係なく」マッチングの申込みをしていく。

③ リージョナルショットガンアプローチ

「近隣で出会える人」のほうがマッチングし易くなるという仮定のもとで、自分の居住地近辺にのみ女性の検索条件を絞り、ショットガンアプローチを行う。

④ マニアック・ショットガンアプローチ

日常生活ではなかなか同好の士を見つけづらい「特殊な趣味」を有している場合、同じ「特殊な趣味」を有する女性を検索し、全てに申し込みを行う。

	マッチング申込みの回数を重視する	1マッチングあたりの質を重視する
アプローチの範囲を広げる	**量的ショットガンアプローチ** 確率的にしかマッチングしないこと、マッチングアプリは大きく課金するほど1申込みあたりのコストが下がることを前提に、特定の条件に当てはまる全ての女性にマッチング申込みする	**質的ショットガンアプローチ** 1申込みあたりのマッチング率の向上を目指して、女性のプロフィールページに記載されている理想の男性像と、自分が一致する範囲が大きい女性に、枠いっぱいまで申込みを行う
アプローチの範囲を狭める	**リージョナルショットガンアプローチ** 「実際に会える人」とマッチングする傾向が高いと仮定し、自分の居住地・行動圏内で条件に当てはまる女性にマッチング申込みをする	**マニアック・ショットガンアプローチ** 日常生活ではなかなか同好の士を見つけづらい「特殊な趣味」を有している場合、同じ「特殊な趣味」を有する女性を検索し、全てに申込みを行う

図表8 ポーター的アプリ戦略の基本戦略

マッチングアプリが提供している婚活市場の産業構造を踏まえると、男性の私が実行可能な選択肢は、この4つに絞られることになる。さて、自分が最も有利になれるアプリ婚活の戦略はどれになるのだろうか？

広すぎる属性と狭すぎる趣味

Yamaguchi　2022年9月11日

アプリ婚活でいちばん大事なことはなにか。

それは、マッチング・アプリ上では多数の男性と女性からのマッチング獲得を争う、競争状態にあることを自覚することだ。

実質的にアプリ婚活では4つの戦略的オプションしかないのだけど、この中から自分が一番競争優位を獲得できる戦略的オプションがどれであるかを、慎重に選ばなければならない！

幸運なことに大学教員という職を得ているため、同世代の男性と比べて年収は高い（と思う）。ただし、無制限に量的ショットガンアプローチを実行できる収入ではないだろう。

他方で大学教員を結婚相手として希望する女性というのは、あまり聞いた覚えがない。小学校〜高等学校の教諭・教員は、その職業上の特殊性からか教員同士で結婚するというイメージがあるが、世間一般に「ちょっと変わった人」として扱われかねない大学教員を、好んで「理想のパートナー像」として選ぶ女性はあまり多くはないのではないだろうか……？

婚活パーティーを調べてみると、「消防士」や「自衛隊員」の男性が参加条件となっているパーティーが開催されていたが、大学教員を対象としたパーティーは存在しなかった。おそらく、ニーズとして成立しないレベルなのだろう。

一応、私の職業（大学准教授）の身分は、準公務員という扱いとなる。だとすれば質的ショットガンアプローチを実施するのであれば、公務員などの安定職種を希望している女性が狙い目になる気がする。

とはいえ、都内の公務員・公立学校法人教職員は合計で10万人近くいる。その1／4が結婚適齢期の男性としても2万5千人。さすがに競争相手が多すぎる気がしてきた……。

だとすれば、何らかの形で絞るしかないだろう。

しかし、マニアック・ショットガンアプローチを実施するには、私には世間一般に「趣味」と胸を張って言えるものはない。

一応、フィットネスとダイビングには取り組んでいるけど、マーケティング的に女性が好む趣味から最大公約数的に選んだので、競合相手が多すぎてマニアックにはならない。

そもそも本気で好きな人と渡り合えるほど、やっていないのだから……。

では「ネットワーク上の位置が起業行動に与える影響」（最近の私の研究テーマだ）に興味のある女性をターゲットにするか？確かに私にとって理想的な女性かもしれないけど、地球上に存在するとは思えない。

しかしここで、はたと気づいた。

ここで自分の趣味と女性の趣味を一致させようとしては、これまでと同じことだ。重要なことは数多の男性の中から、女性が「私を選ぶ」ことであって、私と女性の趣味が一致するかどうかは、「選んでもらった後」にコミュニケーションを取りつつ考えればいいことなのだ。

だとすれば、希少職種である「大学教員」を結婚相手に求めている女性を見つけることができれば、一気に結婚に近づくのではないだろうか。

とはいえ、独身の大学教員は関東圏に沢山いるわけだから、立地で絞ってしまおう。とりあえず、自分の居住地から電車で5駅以内に検索相手を絞れば、会おうとすればすぐ会える距離になり、マッチングしやすいかもしれない。

そういう仮説をおいて、「居住地・職場から5駅以内」「大学教員との婚姻を求める女性」を組み合わせた、アプリ婚活を進めてみよう。そんな女性こそ希少種な気もしているが……。

選んでいるのか、
選ばれているのか？

Yamaguchi　2022年9月12日

ポーターの競争戦略論のフレームに基づいて、リージョナル・ショットガンアプローチと並行して、マニアック・ショットガンアプローチとして「大学教員を配偶者に求める女性」の検索を始めた。

アプリの検索機能をあらゆる角度から利用し、検索で出てくる女性のプロフィールを読んでいるが、思った通り、なかなか、そんな特異な考えの女性は出てこない。

そこで少し範囲を広げて、「大学院で修士・博士課程在学中、もしくは修了」の女性を狙ってみることにした。私の見る限り、経営学界隈で、大学教員同士で出会って結婚したケースはあまり見ないのだが、修士・博士に進学経験のある女性と結婚した男性教員は少なからず見ていたのだ。

つまり、「大学教員を配偶者に選ぶ女性」の代理変数として、「修士・博士修了の女性」を探して、ショットガンアプローチを試みてみるというわけだ。

さて、大学院修了者の女性は、意外なほどに存在していることにびっくりした。地域や学歴（大学院修了）で絞っているとはいえ、結構な人数の女性が検索で見つかる。

その中で、年齢差5歳以内で申込みを機械的に実施しているのであるが、月会費で利用可能な申込み数をすぐに使い切ってしまった。仕方がないので、1万円ほど課金をして「いいね」の権利を大量購入した。

まだ1週目でしかないが、今のところマッチングは成立していない。ここで不安になってきたのが、マッチングアプリとは**「申込まれた側が、コミュニケーションを取り交際するかどうかを判断する」**という構造になっていることだ。

だとすれば、私に「選ばれる価値」があるのだろうか？

「アプリ上で相手の本当のニーズはわからないから考えても無駄、回数をこなせば確実にマッチング数は増える」と考えるのが確率論的ショットガンアプローチであり、「1申込みあたりの質を向上させていけば、マッチング率が上がる」と考えて、自分を好む女性モデルを作成するのが質的ショットガンアプローチである。
とはいえ、どちらも「私が申込む」のだから、前提として、私自身に女性から「選ばれる価値」が何かしらでないとだめなのだ。よく考えると、ポーターだけでアプリ婚活の婚活戦略を考えるのには、無理がありそうな気がしてきた……。

選ばれる自分探し

Yamaguchi　　2022年9月15日

習慣になった、睡眠までの2時間の女性検索を済ませた後、漠然とした不安が胸をよぎった。

ポーター的な発想でのアプリ婚活戦略に何か落とし穴があるのではないだろうか。そう、どの戦略を実践するにしても、それで「他の男性アプリユーザーに対して競争優位を獲得できる」根拠が、私自身にないとだめなのだ。

そんなことを考えていた時に思い出したのが、経営戦略論における「資源ベース理論」だ。ポーターの企業の経営戦略が、その企業が所属する産業構造に拘束されていることを前提にしているのに対して、資源ベース理論は企業が所有している「資源」（resource）によって経営戦略は拘束されていることを前提にしている。

資源ベース理論の立場からすると、ポーターの指摘する基本戦略が産業構造を前提とした際に最適解だと分かっていたとしても、**企業側にその最適解の戦略を実行する根拠がないと実行できない**だろう、という理屈になる。

とはいえ、企業側も「できない」といって手をこまねいていると倒産してしまう。だから経営者は手持ちの資源をいかに利用し、利潤を生み出すのかという視点から戦略を生み出す。

そうはいっても、何が企業に安定的な利益をもたらす資源かどうかを判断するのは難しい。そこで資源ベース理論の代表的論者であるバーニー（Barney）は、企業内部の経営資源が持つ強みと弱みを分析するVRIOという分析ツールを提供している（図表9）。

これは、経済的価値（Value）、希少性（Rarity）、模倣困難性（Imitability）、組織化（Organization）の四項目から、企業内の資源が持続的な競争優位を与えるものか否かを判断するものだ。

資源の特性				資源活用のための組織（Organization）の有無 ↓ 得られる経済的成果	
経済的価値（Value）	希少性（Rarity）	模倣困難性（Inimitability）	獲得できる競争優位	組織が有る	組織が無い
無し	ー	ー	競争劣位	平均以下の業績	経済的成果は得られない
有り	無し	ー	競争同位置	平均的業績	
有り	有り	無し	一時的競争優位	平均以上の業績	
有り	有り	有り	持続的競争優位	平均以上の業績	

図表9 VRIO分析

バーニーが言うには、

①外部環境の驚異や機会に対応できるものであり
②競合企業がその資源を保有していない、もしくは稀にしか保有しておらず
③その資源は容易に入手や模倣ができないものであり
④上記の条件を満たした資源を活用して、事業を構築し利益を獲得していくことが可能な組織である

という条件が整ったとき、企業の中にある資源は持続的な競争優位の「コア・コンピタンス」に化ける。

コメント

kakky

婚活のコア・コンピタンスを考えていくと、やっぱり「美男・美女」であることは模倣不可能でかつ、希少性の高い資源なんだなあ……(震え声

ルノアール・たかし

イケメンかつ高収入の男性が結婚できない場合は、実はそれをコア・コンピタンスとして活かす戦略的行動をしていないからなのか？

10行に収まる我が人生

Yamaguch　2022年9月16日

さて、私にとってアプリ婚活の根拠となる資源＝コア・コンピタンスは何だろうか。ちょっと、自分が積み重ねてきたキャリアを棚卸ししながら考え直してみよう（図表10）。

・1986年8月18日生まれ　35歳　愛媛県出身
・父・母・兄の三人兄弟。兄夫婦は親と同居しており、将来的に同居の可能性は低い。
・国立K大学卒業・同大学大学院修了。博士（経営学）を取得。他に資格は普通自動車免許のみ。
・2010年より関東圏の大学に専任講師に着任。2015年に准教授に昇進。
・2018年に単著で研究書籍を発表。
・2012年、2019年に所属学会で学会賞受賞。
・2022年5月現在、学会報告30件、査読付き論文15本、査読なし論文20本、著書1冊の研究業績。
・婚姻歴なし（子供なし）。
・ターミナル駅から徒歩10分圏内にマンション（1LDK）を購入。貯金は1500万円程度。
・趣味は読書（研究関連のみ）。中学校から大学に至るまで、
部活・サークルに所属した経験なし。4月より筋トレとドライブを趣味として始めた。
・容姿→人生でモテた時期はないため、平均以下であると予想される。
・コミュニケーションスキルは、授業や学会報告は問題ない。
学生からの質疑応答には普通に対応できている。ただし、日常生活において他人と話すことはほとんどない。

図表10 キャリアの棚卸し

自分のキャリアを棚卸ししてみて、改めて面白みのない人生で笑ってしまった。36歳まで生きてきたのに、マッチング・アプリや婚活パーティーでデータ化される項目に基づいて自分自身を書き出してみると、どんなに盛っても10行程度で終わってしまうの

だ。とはいえ、泣き言なんて言ってはいられない。とりあえず、VRIOに基づいて評価していこう（図表11）。

1986年8月18日生まれ　35歳　愛媛県出身	× 結婚適齢期の最後期にあたり、市場価値は必ずしも高くない。
父・母・兄の三人兄弟。兄夫婦は親と同居しており、将来的に同居の可能性は低い。	○別居希望の女性にとって価値あり。
国立K大学卒業・同大学大学院修了。博士（経営学）を取得。他に資格は普通自動車免許のみ。	○高学歴に該当する。
2010年より関東圏の大学に専任講師に着任。 2015年に准教授に昇進。	○高収入の安定職種。
2018年に単著で研究書籍を発表。	× 売れたわけでも、一般に話題になったわけでもない。経営学界隈でしか通用しない。
2012年、2019年に所属学会で学会賞受賞。	× 学会内でしか通用しない評価。
2022年5月現在、学会報告30件、査読付き論文15本、査読なし論文20本、著書1冊の研究業績。	× アカデミズム内の評価にしか影響しない。
婚姻歴なし（子供なし）。	○未婚者どうしの結婚では優位。
ターミナル駅から徒歩10分圏内にマンション（1LDK）を購入。貯金は1500万円程度。	○同年齢の平均的な貯蓄額を考えた場合は優位。
趣味は読書（研究関連のみ）。 中学校から大学に至るまで、部活・サークルに所属した経験なし。 4月より筋トレとドライブを趣味として始めた。	× ありきたりの趣味である。
容姿→人生でモテた時期はないため、 平均以下であると予想される。	× フッ……
コミュニケーションスキルは、授業や学会報告は問題ない。学生からの質疑応答には普通に対応できている。ただし、日常生活において他人と話すことはほとんどない。	× 研究と仕事以外の会話をほとんどしていない。コミュ障一歩手前と見られても仕方ない。

図表11 婚活上の経済的価値の評価

冷静に自分を評価して本当に悲しくなってきたが、コア・コンピタンスはどんな企業でも少数に限られるから「コア」なのだ。経済的価値として残ったものから、1個残ればいいんだ……。希少性と模倣不可能性まで一気に分析を進めてみよう（図表12）。

	経済的価値	希少性	模倣可能性
父・母・兄の三人兄弟。兄夫婦は親と同居しており、将来的に同居の可能性は低い。	○別居希望の女性にとって価値あり。	×それなりの人数が競合相手としていると考えられ、希少性になりえない。	○同年代で親と同居している場合は、結婚後が同居が全体になって居る可能性が高い。
国立K大学卒業・同大学大学院修了。博士（経営学）を取得。他に資格は普通自動車免許のみ。	○高学歴に該当する。	○大学院進学率から考えて、社会科学系の院卒で博士号取得社は希少である。	○社会人でMBA取得者は増えてきているが、博士号取得には10年単位の時間が必要になるため模倣困難。
2010年より関東圏の大学に専任講師に着任。2015年に准教授に昇進。	○高収入の安定職種。	○準公務員に該当する。労働人口全体で考えると希少。	○大学教員のポストは限られており、模倣することは難しい。
婚姻歴なし（子供なし）。	○未婚者どうしの結婚では優位。	×そもそも婚活市場に参入する男性の多くは婚姻歴なし（子供なし）である。	×そもそも、婚姻歴のない男性の方が多い。
ターミナル駅から徒歩10分圏内にマンション（1LDK）を購入。貯金は1500万円程度。	○同年齢の平均的な貯蓄額を考えた場合は優位。	○年齢的に外資系企業勤務やベンチャー企業創業者で数千万位の年収者が存在するが、希少性は高い。	○現段階の年収と蓄積された資産は、容易に模倣不可能である。

図表12　アプリ婚活戦略に利用可能な資源は？

結局、VRIO分析を行っても、年収と大学院修了、大学准教授しか残らなかった。いやそれは分かってはいたんだが……。

研究者であること以外の「異性に愛される根拠づくり」への投資を怠ってきたツケが回ってきたことが分かり、なんだか声にならない声が漏れた……。

とはいえ、ここで落ち込んでも何の解決にもならない。

結婚をしたくて、アプリ婚活を始めて、BMWを買い、今まで視野にすら入っていなかったおしゃれなお店を開拓し、筋トレを始めて体を作り変えてきたんだ。この投資を、無駄にすることはできない！　いやこれがサンクコストか……。まあもう少しだけ続けてみよう。

さて、結局の所、私自身が人生をかけて獲得してきた「根拠となる婚活資源」は、年収と職業しかないと改めて確認できた。

だとすれば、ポーターの競争戦略論から導いた、リージョナル・ショットガンアプローチ＝「居住地・職場から5駅以内」と、マニアック・ショットガンアプローチ「大学院修了以上の女性」の2本立てで進めていくことは、資源アプローチ論的にも妥当であるという結果になったのだ。まずは、このアプリ婚活の戦略を継続してみよう。

コメント

タダ

実際、箇条書きにしたら自分の人生なんて10行に満たないもんだよな。経済的な価値も一つあれば十分な気がするけど。

有象無象の中に消える、私のいいね
～弱者のアプリ戦略編～

Yamaguchi　　2022年10月15日

リージョナル・ショットガンアプローチ（＝居住地・職場から5駅以内）と、マニアック・ショットガンアプローチ（＝大学院修了以上の女性）の2本立てのアプリ婚活を初めて、1ヶ月ほどの時間が過ぎた。

この1ヶ月ほどの間に、10名ほどの女性とマッチングし、アプリを介してメッセージのやり取りを経験した。ただ、条件に合えば無条件で「いいね」を送るショットガンアプローチの弊害なのだろうか、メッセージのやり取りが続かない。

アプリ利用の初期の頃は、マーケティング論や行動経済学に基づいて、相手のプロフィールを舐めるように読んで、考え尽くしてマッチングの申込みを行い、メッセージのやり取りをしていた。しかしショットガンアプローチを行い始めて、プロフィールを吟味することなく機械的にマッチングの申込みをしてきたので、マッチングの連絡がアプリから届いても「どんな経緯でこの女性に申込みをしたんだっけ？」と考え込んでしまう。

普通に失礼すぎる。

更に、ショットガンアプローチがある意味で成功して、同時並行で複数人の女性とメッセージのやり取りをする機会が増えたことも、問題を大きくしている。

というのも、女性によっては短いスパンでメッセージのやり取りをするケースがあり、モタつく私がそれに対応しきれず返答が遅れているうちに、あっという間にマッチングが解消されてしまうのである。もしくは、メッセージのやりとりから、私自身が研究以外に何もない人間としての「薄っぺらさ」がバレてしまっているのかもしれない。

結果として、初期の頃と比べて一週間あたりのマッチング数は数倍に膨れ上がったものの、実際にデートにまでたどり着くことができないという状態になってしまった。
何をしているんだ私は……。

さて、マッチング数が目論見通りに増えたがゆえの問題に、どのように対処すべきだろうか。

第一に、メッセージのやり取りのスピードを上げるとともに、内容を「女性が私に興味を抱く（実際に会ってみたいと思える）」方向に磨き上げていくという方法だ。

これが、もっとも建設的かつ王道の方法だろう。そもそも私は、人生の中で女性を含めた他人と、コミュニケーションを取る頻度が少なかったのだ。
だから婚活マニュアル本では、ファッションと会話術に頁を割いていたのか……。いや今更、その重要性が理解できても……。

何事も勉強というのも悪い癖なのかもしれないが、マッチングアプリでのメッセージのやり取りについて少し調べると、様々なサイトや書籍でレクチャーされていた。

基本的に「ナンパ目的」の内容がメインで、「婚活目的」の私とは目的がずれているかもしれないが、メッセージのやり取りから女性に興味を持ってもらい、実際に出会うためにここまで考えるのか、と非常に感心した。

同時に、暫く読んでいくうちに、疑問も出てきた。どのサイトや書籍を見ても、実は似たような内容なのである。具体的には、以下のようなものだ（図表13）。

①（初回のやり取りでは特に）まずは挨拶を入れる
② プロフィールを見て共通点を伝える
③ プロフィールに関連して質問を一つ入れる
④ 女性からの「質問に対する回答」で完結しないように、 話題を広げる「反応」や「追加質問」を返す。
⑤ 共通の話題が出来た場合は、それに関連した写真や画像を送る。

図表13 マッチングアプリでのメッセージのテンプレート

なるほどと思ったのは、マーケティング論や行動経済学をベースにアプリ婚活をしていた初期の頃は、「②プロフィールを見て共通点を伝える」ことで会話を始め、相手も私のプロフィールに興味を持ちマッチングしていたので、お互いに「③プロフィールに関連して質問を一つ入れる」ことを自然に行えていたのだ。だから、実際に会う＝デートするところまでたどり着いていたのだろう。

ところが新たなアプリ戦略を始めたところ、②を確かめずにいきなりメッセージのやり取りを始めることが多くなっていた。

マッチング数を稼ぐことに熱中しすぎて、その後のやり取りをおろそかにしてしまったことを、この手のサイトから学ぶことができたのは良かった。

今後のメッセージのやり取りを注意して行うのは当然として、ふと気づいたことがある。

私と同じようにマッチングアプリでのメッセージに困り、この手のサイトや書籍を参考にしている男性は、少なからず存在するのではないだろうか。

実際、女性のプロフィールに合わせた少しの改変で済む、メッセージのテンプレートがネット上で流布している。だとすれば、

アプリを利用している女性のもとには、同じような内容のメッセージが数多く届いているのではないだろうか？

だとすると、女性は「またこの質問か？」と嫌気が差してしまうだろう。

果たして、私はこのテンプレートを参考に、メッセージのやり取りを試みてよいのだろうか。

実は経営学における制度派組織論で提唱されている「同型化戦略」というものがある。そもそも、他者を模倣する同型化戦略というのは、実は最も合理的な戦略だ。企業経営は、どうすれば確実に成功するのか分からない不確実性に満ちている。

だとしたら、**先行して成功している企業の戦略をそっくり模倣することが、実は「最も成功確率の高い戦略」であると信じて実行する**ことができる。

「ひょっとして、成功確率の高い戦略を探しているうちに、同型化戦略の罠にハマっていたんじゃないか？」

同型化戦略は「勝てる根拠」を既に持っている企業にとって、強力な武器になる。例えば、模倣先の企業と比べて自社の方が販路や営業力が強力であれば、先行して成功した企業の製品やサービスを模倣すると、市場シェアを一気に奪うことが可能になる。圧倒的な自動販売機の数を誇るコカ・コーラ社は、同型化戦略の典型例だ。

そう考えると、私がこの手のメッセージのテンプレートを参考にすることは、「成功確率が高い方法」に見えて、**実は「女性をうんざりさせるだけで、選ばれることがない最悪の方法」**なのかもしれない。

例えば、より若くてイケメンと私が同じメッセージを送れば、絶対に負けるだろう（当たり前）。

私と同レベルの容姿・年齢の男性であっても、より高収入の男性の方がメッセージの返信が期待できるだろう。

つまり、テンプレートによるメッセージのやり取りは、既に「モテる」根拠を持つ強者がとるべき戦略であり、弱者が実践すると「絶対に勝てない」戦いに巻き込まれてしまうのだ。

だとすると、「弱者でも勝てる戦略」を考えるという、第二の方法が必要になる。どうすればよいだろうか？

コメント

Pepi

そうそう。びっくりするくらい、男性から届くメッセージは内容もパターンも同じ。そんなメッセージが大量に届くから、1ヶ月もすると見る気もなくなる。

たにし

つまり「ただしイケメンに限る」ってのは今も息づいてるんだな。

説得力が足りない!!!!
～新奇性のジレンマ編～

Yamaguchi　　2022年10月18日

アプリ婚活における「弱者の婚活戦略」を考えていくうちに、制度派組織論には**「新奇性の脆弱さ」**（liability of newness）という概念があったことを思い出した。

通常、企業は新製品や新サービスを開発するにあたって「可能な限り革新性の高いモノ」を提供しようと頑張る。
特にベンチャー企業にはその傾向が強く出てしまうと考えられるが、その結果できた**革新的な製品は消費者にとって「買って良い」ものか判断がつかなくなる。**

既存の製品やサービスと関連性が低いため、わざわざその製品やサービスを買う「根拠」が消費者には見当たらなくなるのだ。
それでも、その製品やサービスが有名な大企業が提供しているのであれば、その企業が持つ信頼感やブランドから、一定の売上は見込めるかもしれない。

しかし、その製品やサービスが革新的であることを目指すほどに、その企業が過去に獲得してきた信頼性やブランド力が「効かない」消費者を相手に苦戦することになる。
つまり、企業側が「新しさで差別化」を目指して頑張れば頑張るほどに、「新奇性の脆弱さ」という罠にハマってしまうのだ。

制度派組織論は、この新奇性の脆弱さを克服するために「正統化戦略」が必要であると指摘している。

正統性というと難しい言い回しになるが、実は日常的にあらゆる企業や個人が、無自覚に実践している戦略だ。

例えば、マスコミやネット上の媒体への露出（取材協力）が、私達が日常的に見る典型的な正統化戦略だろう。

実は人気番組やYahoo!の記事に取り上げられることは、多くの人に自社の製品やサービスを知ってもらう機会を得ること以外にも効果が期待できる。

有名なタレントや評論家によって「肯定的に評価」されることで、多くの人が「この新製品・サービスは良いものなのだ」と考えるようになる。いわば、タレントや評論家が持つ「他者を説得する力」を利用して、新製品やサービスの普及を図ろうとするものだ。

この「他者を説得する力」は、タレントや評論家だけではない。世の中を見渡すと、そういう「力」を持つ存在はある。

例えば、技術系の新製品が共著する特許は典型例だろう。

特許を取ることで、技術内容をよく知らない消費者からは「この製品はすごい」と思わせることが可能だし、投資家からすると特許の取得の有無は「投資する価値の判断基準」にもなっている。

他にも、食品業界でよく用いられるモンド・セレクション賞も、「海外のコンテストで受賞した食品」という「力」をもたせる狙いで行われている。

このように、ある意味で問答無用に**「この製品やサービスには価値がある」と思わせる「力」を持つ事物が正統性**であり、これを獲得することで新奇性の脆弱さを克服していくのが、正統性の獲得戦略なのだ。

これこそ、弱者のためのアプリ婚活戦略になりうるのではないだろうか？

私に可能な、アプリ婚活の正統化戦略を追求してみよう。

コメント

kakky

マッチングアプリに「男性の格付け機能」があれば、女性も選びやすくなるかもしれませんね。

keigo

自分自身の見た目や性格、スペック以外に、「モテる」根拠になるものなんて、そんな都合の良いものなんかあるのかな？　負け惜しみにしかならなくない？

「アプリの土俵で戦わない」選択 ～正統派戦略編～

Yamaguchi　　2022年10月20日

アプリ上で自分を女性に受け入れてもらう＝会ってもらうための正統性は何か、ということを考え始めたとき、ふと面白いことに気づいた。

「末は博士か大臣か」という古い言い回しがあるのだが、昔は「博士」というのは大臣と比較されるようなステータス＝「力」を持っていたのだ。

また、「美女と野獣の玉の輿婚」という表現もある。要は、収入の高さは、男性の容姿の不利を覆い隠す「力」を持っているはずなのだ。

一応、私は「博士号持ちの准教授」であるため、ステータスも（それなりの）収入もあるはずなのだが、アプリ婚活では全く「力」として作用していないのである。

時と場合によっては「正統性」を有するはずの私の属性が、アプリでは無力化されているということになる。

これは興味深い事例だと考えていた時に「価値評価研究」という経営学の新たな研究領域に出会った（そういえば、『婚活戦略』も価値評価研究に基づいていた）。

例えば企業の善し悪しを判断する基準には、市場シェアや売上高、純利益の大小だけでなく、会計制度が提供する財務情報や株価、更にはCSR遵守の程度など様々な指標が存在する。

これらの指標は企業の「価値」を測定する基準になるだけでなく、経営者が良い企業へ成長させるための判断基準にもなる。

このような価値評価の指標は、企業の価値を高めて競争力の向上に貢献するというポジティブな効果があるとともに、その評価指標を逆手に取って実態より価値を高く見せかけたりすることも可能になる。
更に、価値評価の指標によって「価値の高い企業」の基準が明確化されてしまうので、多くの企業が「横並びで同じような成果を発表する」ことで、企業の善し悪しの判断が実はつかなくなるというネガティブな作用も生み出す（実際、企業のCSR報告書を比べてみれば、びっくりするくらい同じ項目を、似たような内容で達成していると報告されていたりする）。

もっと身近な話であれば、ゼミ生の就職活動など、その価値評価による弊害の好例だろう。

リクルート社を始めとした各社が「就活で採用担当者はここを評価している」という評価基準を公表することで、学生は学部時代の学びや活動から、ファッションまで横並び一線になってしまう。その結果、企業は「良い学生」を選ぶ手がかりがなくなり、学生は「自分がこの会社に採用されるための根拠」を見失ってしまう。いわば、**価値評価の指標が用意されることで、人々はエン**

パワーメントされることもあれば、無力化されることもあるのだ。

アプリ婚活でも、同じことが起きているのではないだろうか。

学歴・職業・年収という本来は「弱者であっても結婚できる根拠」になりうる根拠を、マッチングアプリ上では並べて比較する指標として利用されている。

同じ学歴・年収・職業で並べられ、評価された瞬間、ほとんどの男性は「弱者」として切り捨てられてしまうのではないだろうか。この考え方を推し進めると「イケメンが最強の資源」というわけでもなくなるのが面白い。

アプリ上では写真で相手の容姿を確認することが可能になる。だとすれば、イケメンですら、比較の力学の中で無力化していくかもしれない。

ここまで考えていくと、ポーター、バーニーに基づいて「私にとって最適化されたアプリ婚活」であった、職業と年収を基盤にしたリージョナル＆マニアック・ショットガンアプローチが、そもそも間違いであったかもしれないと思い立った。

つまり、アプリ上では資源であり根拠であると考えていた、「職業と年収」は無力化されていたのだ。

今までやってきたことの根拠が失われ、膝から崩れ落ちそうになったが、価値評価研究と正統化戦略が、新しい方向性を私に教えてくれた。

今まで「婚活上で有利になる」と考えてきた資源や根拠は、マッチングアプリ上の価値評価の力学の中で無力化される。これは、避けることができない出来事だ。

しかし、「年齢や職業で揃えられたら、勝つのはイケメン」と匙を投げなくても良いのだ。イケメンですら、並べられ比較されれば、ほとんどが「負け組」になりうるのだ。

ここに弱者のアプリ婚活の「勝ち筋」がある。

つまり、アプリ上で比較可能な価値評価の基準以外の「正統性」を私が用意できれば、マッチングから交際というルートに乗れる可能性が出てくる、というわけである。

その根拠を用意するために、学歴や職業、容姿以外の正統化戦略が必要となる。いままで「資源」や「根拠」であるものを不要と判断し、改めて自分をいかに正統化するのかと考え始めたとき、あるメールが届いた。

「取材のお願い（週刊○○経済）」

これ、使えるのでは？

Check ▶▶▶

正統化戦略とは?

正統化戦略は近年の経営学におけるホットトピックの一つなのです。

TVや雑誌で有名人が紹介した商品が、大ヒットすることがあります。これは私達が商品を購入する際、コストパフォーマンスだけではなく、その商品が持つブランドであったり、その商品を「誰が使っているのか？」という点も考慮に入れているからなのですが、じゃあなぜ、テレビで有名人が紹介していたことが、商品を買う理由になるのでしょうか？

答えは、有名人やテレビで取り上げられる＝「信頼・信用して良い」という社会的現実に、私達が支配されているからです。この私達が問答無用で信頼したり、信用できる社会的現実の力をレバレッジにして、自社の知名度を上げたり、消費者の購買行動につなげていこうとするのが、正統化戦略となります。

この正統化戦略の典型例が、「特許」の取得です。本来特許は、自分が開発した技術から独占的な利益を得ることを保証する「法的な権利」でしかありません。しかし、技術内容の優劣が判断つかない人にとっては「特許技術を使用」の文字を見るだけで、「すごい技術が使われている、いい製品である」と考えてしまうでしょう。また投資家からすると、特許取得は「特許を取得するだけの開発力がある」「いざというときは特許を販売して収益化できる」とみなし、投資する材料となります。

このように、正統化戦略は味方につけたいステイクホルダーが「これは良いものである」と無条件で受け入れてしまうような社会的現実を利用していくことが必要になります。

第4章

婚活という沼

社会学編

取材を受けてくる

Yamaguchi　2022年10月25日

「取材のお願い」とは、某週刊経済誌からのものだった。
「話題書：今週の一冊」に、私の書籍が選ばれ、写真付きで著者インタビューをしたいとの依頼であった。

博士号取得から7年近くネチネチと推敲を重ねてきた博士論文を「このままだと理論もデータも賞味期限が過ぎてしまう！」と気付き、昨年の11月にようやく出版にこぎつけていたのだ。
その本が、運良く所属している学会の学会賞を受賞したので、大学院時代の恩師からの推薦でこの雑誌にインタビューが掲載される運びになったのだ。

「これだ！」と思ったのが、そのインタビュー記事が発売翌週にweb でも掲載されることである。
この記事はYahoo! などの大手ポータルサイトにも転載される。本やインタビューの内容が伝わらなくても、一時的に顔と存在は売れることになる。

大学教員が書いたガチガチの研究書は悲しいほど売れないのだけど、雑誌や新聞で紹介されたり、書評が載った際には大きく動くという話も出版社から聞いたことがある。

これをアプリの自己紹介ページで紹介していけば、研究内容が分からなくても「Yahoo! でも紹介されていた、なんかすごい賞を取った人」と、女性から認識されるのではないだろうか。

これこそ、大学教員だから可能な、婚活の正統化戦略になるかもしれない。

とりあえず、少しでも見栄えを良くするために取材日にあわせて美容院を予約し（婚活を始めたときから、真田のアドバイスで、1000円カットに行くのは止めた）、スーツを新調するために仕事を早めに切り上げてお店に向かうのだった……。

コメント

タダ

雑誌で取り上げられる＝メディアの力で正統化していくという婚活戦略。とはいえ、それがアプリ内で有効打になりうるんかな？

Pepi

うーん……取材を受けるような有名人！っていうのが、恋人を選ぶ上での決め手になるかなあ？　ほとんどの女性は気にしないと思う。

情報を更新するたび、価値観の合う人が増えていく予感

Yamaguchi　2022年11月20日

取材を受けて1ヶ月後、無事に雑誌が発売され、Web版の公開も始まった。

早速、マッチングアプリの自己紹介ページを開き、PR文を更新した。

> 4月1日よりアプリの利用を始めました。
>
> ①現在、大学の研究活動期間で授業がなく、時間に融通の利くこのタイミングにどなたかと出会えたら……と思うので、積極的にマッチングをお受けしたいと思っています！
> ②また結婚を見据えたお付き合いをしたいと考えており、交際後はアプリを退会するつもりです。
>
> 都内の大学で大学教員をしています。
> 職業柄、同年代の女性との出会いが少ないので、周りに勧められてアプリの利用を始めました！
> 趣味は夏にスキューバダイビング、冬はスキーを楽しんでいますが、普段は仕事終わりにカフェで読書を楽しんでいます。
> 年に数回、ヨーロッパを中心に旅行しており、これまで15

カ国に渡航しました。
ライフスタイルを共有できる方と、出会えたら嬉しいです。

年齢：35歳
身長：178cm
体型：がっしり
職種：大学准教授
年収：800万～1000万

11月1日
週刊〇〇経済に、インタビュー記事が掲載されました。
下記のページでも読むことが出来ます！
https://news.yahoo.co.jp/pickup/------

同時並行でショットガンアプローチは続けていたのだが、目に見えてPV数が増えたわけではない。しかし、1週間を過ぎたあたりから、メッセージのやり取りが明らかに以前とは異なるものになった。

これまでのように、少し返信が遅れたら速攻でマッチングが切られるようなことも少なくなったし、少なからずインタビュー記事をフックにして、会話が続くだけでなく、明らかに好意的に私に接してくれるようになったのを実感している。

メディアの力を借りることで、初めて「大学准教授」という立場を活かして、女性とコミュニケーションを取れるようになったという手応えを得ている。

研究中心の生活を送ってきたことも有り、こういう向学心のある女性と出会えるのは、価値観が合いそうで嬉しい。

さらに嬉しいことに、ついにずっと悩まされてきた「3回目の壁」を超えることが出来た！

仮にTさんとするが、理系の大学院で修士号を獲得し、今は製薬会社でMRとして勤務している30歳の方だ。
偶然にも出身地だけじゃなく、大学も同じということもあり、地元・大学トークで話も合わせられるし、修士卒ということもあり私の年齢で博士号を取得し、大学でポストを得ていることについて「尊敬する」と手応えも悪くなさそうだ。

あと、彼女自身はいつか研究の世界に戻りたいけど、収入を考えると今の職業にも魅力を感じているらしく、自分のキャリアをどうすればよいのかについて、悩んでいるようだった。
私はキャリア論は専門ではないので、教科書的な受け答えしかしていないが、それでもTさんにとっては新鮮な話らしい。

「もしかすると、寿退社して大学院に戻るのが理想的なのかも。って最近は思ったりもしているんです……」

通算5回目のデートの別れ際に、Tさんは言っていた。

ひょっとして、これはチャンスなのか？

どう答えたら良いんだ？

　すこしうろたえる私を見て微笑みながら、Ｔさんは改札を通り抜けていった。

コメント

keigo

匂わせ定期。

Pepi

どうなんだろう、この一言だけが決定打になるかというと……？

何かがおかしい

Yamaguchi　2022年11月25日

先日のＴさんの言葉に対して、どう答えたら正解だったのか？そんな悩みで頭が一杯になっていた。

これは経営学だけでは解決できない問題なので、心理学からアプローチしていくべきなのかと考えながら、もはや習慣になっている就寝前のアプリの確認をしていると、妙なメッセージが最近続いていることに気づいた。

だいたいのパターンが、私からのマッチング申込みではなく、女性側からのマッチング申込みである。アプリの利用を始めて半年以上の時が過ぎたが、女性側からマッチングの申込みが来ることはほとんどなかったので、突然複数の女性から申込みが来た時は、「メディアの力はすごい」と喜んで申込みを受諾して、メッセージのやり取りを始めていた。

ところが、メッセージのやり取りを始めてみると、なんか様子がおかしい。だいたい、こんな感じのメッセージが届くのだ。

初めまして。〇〇です。
プロフィールを拝見しました。
一度お会いしてお互いを知れたら嬉しいです。
もしよろしければお返事をお願いします。

このメールに以前に学んだメッセージのテンプレート通りに、「返事のお礼＋相手のプロフィールを読んでフックになるような質問を入れる」内容を返信すると、だいたいは以下のようなメッセージが返ってくる。

休日の過ごし方は、色々ですね。
ところで、有名な大学の先生をされているんですね。
是非、お食事をしながら、お話を聞いてみたいです。

このタイプのメッセージを送ってくる女性たちのプロフィールを確かめると、だいたいは「モデル顔負けの自撮り写真」「フレンチ or イタリアンのコース料理の写真」「インスタ映えしそうな風景写真」で埋め尽くされている。

PR 文章は「素敵な男性と出会えたら嬉しいです」とか「お互いを高め合える関係が理想です」という感じの内容である。

これは……私がマーケティングの発想で作った PR 文章にすごく似ている。**AI が作ったのか？**

もう一つの特徴が、やたらと「会う」ことに積極的なことだ。これまでメッセージをやり取りしていた女性は、どんなに私に興味を持ってくれても、実際に会おうという段階になると二の足を踏むケースがほとんどだった。

事実、マーケティング論や行動経済学を応用していた頃にマッチングした女性も、メディア掲載の力を借りてマッチングした女性も、実際に会えたのはメッセージをやり取りして１ヶ月ほどが経過した頃である。

ところが、このタイプの女性は、だいたい数度のやり取りで「明日の19時くらいから、お時間空いていますか？」といったメッセージを、会話の脈絡に関係なく送ってくる（仕事に忙しくて数日メッセージを送っていない場合でも、いきなり送ってくる）。

仮にその夜には予定がないことをメッセージで返信すると、だいたいは「お会いしたいなぁ」という内容の返事が帰ってくる。じゃあお会いしましょうかと話がまとまり、実際にどこでご飯を食べるのかという段階になると、こちらかの提案は一切受け付けずに、「○○に行きたい！」と言い出すのだ。

なんだか気味の悪さと嫌な予感を抱きつつ、これまでこの手のメッセージを送ってくる女性と実際に会うことは避けてきたのだけど、この夜はなぜか、メッセージのやり取りを重ねて実際に会ってみることにした。

「ものは試し、ものは試し……」

件のＴさんにどう対応してよいか分からないから、他の会える女性に逃避しようとしただけかもしれない。私は、女性の希望に沿って、お店を予約して会ってみることにした。ディナーで一人3万円近くする、ミシュランで星付きのお店だった。

AI女と会ってみる
～マッチングアプリの闇～

Yamaguchi　　2022年11月28日

　さて、実際に「謎の女性」と会ってみて、びっくりした。
　女性のファッションに詳しくない私でも分かるくらい、上から下までブランド品のクリスマスツリー状態だった。容姿はプロフィール写真に出ている通りの、美女と言って過言ではない方だった。

　とはいえ、「びっくりした」のは彼女の容姿と身につけているブランド品ではない。
　待ち合わせ場所で会った際には愛想良く挨拶をしてくれたけども、お店に入ってからはずっとスマホを弄っていて、会話をしてくれない。

　料理がサーブされ始めてからは、「綺麗～！」とか「美味しい！」と可愛らしく話すものの、それは私に言っているのではなく限りなく独白に近い。何度か私に声をかけることもあるのだが、全て店内の豪華なインテリアや夜景の前で「写真お願い」とスマホを渡されるときだけである。

　結局、彼女が「写真撮って」以外の言葉を発したのは、ウェイターが伝票を持ってきた時の、「ごちそう様でした」という一言だけだった。そして支払い中に彼女は消えていた。
6万円で好きでもないフランス料理を食べて帰宅すると、アプリには彼女からのメッセージが届いていた。

本日は美味しいお食事ごちそうさまでした♪
Yamaguchiさんさえ良ければ、またお会いしていただいて
もっと親密になっていけたらと思っています。

ご丁寧に、数十分前に私がスマホで撮った写真付きのお礼メッセージである。

なに、これは。

この日の夜、更に別の女性からメッセージが届いた。

初回0.5、お茶1.0、お食事2.0、
大人の関係はなしで、お会いしませんか？

挨拶も何もなく、意味不明の暗号メールが届いた。
本当に、分からなくなってきた。こういう時は、真田に聞くのが一番だろう。

Check ▶▶▶

「婚活」の社会学

今や日常用語となった「婚活」という用語は、家族社会学者である山田昌弘先生によって提唱されました。

山田先生は、団塊ジュニア世代の男性の就業状況と収入の悪化と、女性が結婚相手に求める経済的条件のミスマッチが晩婚化・未婚化を招き、日本が抱える少子高齢化につながったと指摘します。その上で、現実には年収400万円以上の男性は19%しか存在しないことを指摘し、女性もその現実を受け入れ、共働きでそこそこの生活水準の獲得を目指す現実的結婚を目指すことを提案する概念として、「婚活」を提示しました。

このように社会学は様々な調査手法を駆使して社会問題を浮き彫りにし、そのメカニズムを明らかにしていくだけでなく、新たな概念を提示していくことで社会変革を目指していきます。

同時に、Yamaguchiさんが本文中でも指摘しているように、「婚活」という概念は日常用語として定着していった結果、「女性が高収入の男性をゲットする方法」として、本来この概念の込めた理論的意図と真逆の社会現象を引き起こしてしまいました。山田先生は2010年に発表した『婚活現象の社会学：日本の配偶者選択のいま』（東洋経済新報社）において、現代の「婚活」の現実と課題を指摘しています。

山田先生の一連の研究活動にみられるように、社会学は新たな概念を提示していくことで社会を良くすることを目指しつつ、他方でアカデミズムが提唱した概念が社会に定着していく中で生じた想定外の現象にまで注目し、研究活動として関わっていくことという独特のダイナミズムを持っています。

深淵を覗くとき、深淵もまたこちらを覗いている

Yamaguchi　2022年11月29日

「うん、お前もついにここまで来たか」

　週末にメッセージの文面を見せながら事の顛末を話すと、真田は笑って、そう言った。
　何を爆笑しているのか分からず戸惑っている私を見て、真田は笑いを噛み殺して、説明を始めてくれた。

「0.5、1.0、2.0というのは5000円、1万円、2万円って意味だ。つまり、私とお茶したければ初回は15000円ですよって意味だよ。まあ、お茶代も自腹だから、お前が支払う金額は安くて2万円くらいかな」

？？？？？？？

「今風に言えばパパ活だよ。俺たちの時代でいえば、援助交際ってやつ。大人の関係なしっていうのは、性的なものはナシって意味だな。「1.0」とか「大人の関係」とか言うのは、当事者間で流通している隠語さ。分かる人は援助してくれってことさ」

　研究者の道を歩み続け、「援交」や「パパ活」という言葉は知っ

ていても遠い世界の話だと思っていたのだが、無自覚にその世界にはまりこんでしまっていたことに衝撃を受けた。

恐怖や不安がないまぜになった感情が脳を支配していて、言葉が出ない。

「まあ今回はたちの悪い輩に高い飯を奢らされただけだ。仮にお前が血迷って手を出したとしても、相手が未成年じゃない限りは犯罪者になることはないだろうし。とはいえ高い勉強料だったな」

真田は私の不安を見透かしたように、そう言った。

「マッチングアプリって、そういう人もいるのか？」

ようやく絞り出した私の言葉に、また真田は笑い始めた。

「そらそうだろ。男女が恋愛のために集おうっていうサービスなんだぞ。人の本能に根ざしたサービスなんだから、それを悪用しようとする奴も出てくるさ」

そう言われると確かにそうだった。

「とはいえ、できるだけ健全なアプリを選んだつもりで、ほったらかしだった俺にも責任はある、悪かったな。まあそういう層はどのアプリにもいる。**そしてそれは男にも女にもそういう需要があるから、存在しているってことだ**」

真田が言うには、マッチングアプリが普及し始めた2010年代後半には、既にアプリを利用してパパ活をする男女が溢れていたらしい。

「今では、パパ活が主目的のマッチングアプリもあって、それ目的の男女はそっちに移ったから、お前が使っているアプリだと目立たなくなったはずなんだけどな……。こんなこと言っちゃ悪いが、そういった専門アプリを一通り食い尽くしたか、そもそもパパ活の需要にそぐわないながらも挑もうとする人がまだいるんだろう」

　そう言いながら、彼はスマホを立ち上げてアプリを開き、私に手渡した。彼が利用しているマッチングアプリの文面を見てみると、この二週間ほど私を悩ませていた同じメッセージに埋め尽くされていた。

「今夜は真面目一徹でここまで来たお前が、初めてマッチングアプリの裏側に触れた記念日だ。今日は慰謝料代わりに奢るから、好きなだけ飲めよ」

Check ▶▶▶

テレクラからインターネット、援交からパパ活へ

1980年代後半に風俗の一形態として登場したテレクラ(テレフォンクラブ)は、現代の出会い系サイトにも通じる形で、一般女性の「小遣い稼ぎ」の場として利用されるようになりました。1990年代に入ると各種媒体で「援交＝援助交際」という言葉が用いられるようになり、宮台真司先生が1994年に発表した『制服少女たちの選択』(講談社)によって、若者の出会い文化の一形態として理解されるようになりました。

その後、援助交際という社会現象は、「管理売春の一形態」「男性による若年女性の性搾取」といったフェミニズムに基づく批判とともに、「援交という行為を通じて自信の価値や居場所を確認する」といった現代の「承認欲求」にも通じる若者論としても展開されていきました。

2010年代に登場した「パパ活」は、マッチングアプリが普及し出会いのツールとして定着していく中で、過去に暗黙に性的関係を前提としてきた「援助交際」が衰退し、「リッチな年長者」が「若い女性」に対価を支払うことでデート(ときには性的関係を含む)を楽しむ、よりカジュアルな行為を指す概念として登場しました。この「パパ活」の誕生は男女の出会いのメディアが、「ある種のいかがわしさ」を持つテレクラや出会い系サイトが、「多くの男女にカジュアルに出会うツール」であるマッチングアプリに置き換わっていったことと、無関係ではないでしょう。

「パパ活」が格差社会がもたらした歪みなのか、「若者の居場所探し」がマッチングアプリを通じて先鋭化されたものなのかは、現在も議論が続いています。

女性の市場と男性の事情

Yamaguchi　2022年11月30日

翌日、酷い二日酔いで目を覚ました。真田に勧められるままに、高価なウィスキーをグラスで何杯も空けた気がする。

こんなに飲んだのは、いつ以来なのか思い出せない。この週末は結局、アプリ婚活を開始して初めて、一切マッチングアプリを拓かずに土日を過ごした。

二日酔いで痛む頭も真田から聞いた内容を反芻していると、妙にスッキリしはじめてきた。

昨今のネット上では、婚活市場という言葉が流通している。実はこれはメタファーではなく、**婚活とはマッチングアプリによって形成される「市場取引」なのだ**。

大学生がある時期に求人サイトに登録して就活市場に参入するように、男女はマッチングアプリをインストールして会員登録することで、婚活市場に参入する。就活市場では労働力と給与が取引される場であるとすれば、婚活市場ではマッチングアプリで可視化された男女それぞれの価値が交換＝結婚という契約をする場であると言えるだろうか。

じゃあ、婚活市場では何と何が交換されているのか？

婚活概念の提唱者である山田昌弘先生が指摘しているように、婚活市場とは女性の若さ・美貌と、男性の財力が交換（＝交際）される場だとしよう。

例えば結婚相談所のカウンセラーの話では、男女間の年齢差は100万円／1歳差で換算するという。つまり、5歳年下の女性と結婚する場合、男性に求められる年収は500万円、10歳差なら1000万円ということだ。経済学的に考えると、このような形で若さ・美貌と財力の取引相場がありそうだ。

ところが、先週に出会ったパパ活女性との出会いの経験は、婚活市場では女性がむしろ、**レバレッジを効かせて相場以上の利潤を得ているようにも思える**。つまり、マッチングアプリの利用を通じて、自分の市場価値を認識し、釣り上げていく戦略が「パパ活」なのではないだろうか。

「パパ活」が極端な話だとしても、婚活とは自由恋愛による結婚が行き着いた先に、新自由主義に到達した恋愛と結婚が、今のスタンダードなのかもしれない。

婚活市場ではマッチングアプリを通じて、自分の価値を否応なく知ることになる。一部の企業を除いて年功制賃金がベースになっている日本において、男性の財力は年代ごとに横並びに近い。

それに対して、女性の若さと美貌は希少資源だ。だとしたら、自由に恋人や結婚相手を選ぶことが許された時代に、それを可能にするツールとしてマッチングアプリを用意されたら、希少資源を持つ女性が、より希少資源を持つ男性との交際や結婚を望み、より豊かな生活を求めても当然だろう。

逆もまた真なりだ。途轍もない年収を稼ぎ出していたり、とんでもない美形の男性が、若さと美貌を持つ女性との恋愛と結婚の機会を独占しているのでは？

新自由主義があらゆる格差を広げたと言うが、恋愛と結婚にまで、その格差は浸透しつつあるのかもしれない。

コメント

たにし

年齢差 1歳ごとに100万円……!?!?!?

kakky

どっちかというとアプリってもともとそういうイメージ。
女性にパパ活があるように、男性もそういう関係を目的でアプリを使う人がいる以上、そこに需要があるんでしょう。

アプリ女性は、自由恋愛の夢を見るか？

Yamaguchi　　2022年12月1日

マッチングアプリに全く触らない週末を過ごして、月曜日からこれまで通りのアプリ婚活生活に戻った。

アプリを約1年の契約にしていたので、残りは3ヶ月ほどしかない。そしてTさんから、LINEに既読すらつかないことを心配している連絡が入っていたので、出勤しながら「仕事の締切が迫っていて、週末はなかなかお返事できず……！ご心配をおかけしました！」という内容の返事をした。

金曜日の夕方から都合二日半も音信不通になったので、Tさんからは関係を切られてしまっても仕方がないと考えていたのだが、幸いなことにシャットダウンされることは無かった。

本当にありがたい……と思いつつも、以前と比べてどこか心が乗り切れない自分に気づいた。

心配してメッセージを送ってくれるTさんと、この前に出会ったパパ活女子は「私と出会う目的からして違う」のは理解している。

しかしどうにも、送ってくれたメッセージには「裏」があるのではないかと気になってしまうのだ。

「不況の中で経済的に生き残ることが優先される競争社会になったいま、生きていくには結婚しか無いという女性たちにとって、心の純真さは性的無垢さ同様に女性の価値を保障するものでは無くなっている。このような風潮の中で、婚活の意味はもはや『女性が、安定して高収入を稼ぐ男性を捕まえる活動』の方に定着しつつある」（関口, 2010, 155-156頁）

婚活を始めるにあたって読んだ社会学者による婚活研究の一節が脳内にフラッシュバックする。

女性に対して「心の純真さ」を期待していたつもりはなかったが「相手は真剣な交際を目指して、向き合ってくれている」という、ある種の思い込みとも言えるような「前提」で私は取り組んでいたのかもしれない。

そもそも、アプリ婚活を始めるにあたって「自分の年収と職業なら、きっと良い結婚相手を見つけられるのでは？」と考え、これまで学んできた理論を駆使してきた自分自身が、そもそも「純真さ」を失ってしまったのだろうか。

しかし、「アプリ婚活を通じて女性の純真さが失われた」というのもどこか違う気がしている。

婚活が「高収入を稼ぐ男性を捕まえる活動」として定着したのは、見方を変えれば男性が財力を武器に女性の若さと美貌を買おうとしてきたからだろう。
「性の商品化」と言われるものだ。女性が「美貌と若さをレバレッジに最大限の利潤を獲得しようとする」ことと、男性が「自らの財力を駆使して、マッチングアプリで恋人・結婚相手探し以外の性的欲求を満たそうとする」ことは、表裏一体の出来事なのだ。

同時に、「マッチングアプリ」の登場は、あらゆる面で女性を良い意味で解放しているのではないだろうか。
日本で見合い婚が衰退し、自由恋愛による結婚が主流化して以降、一貫して年の差婚の数は減り続けているらしい。

乱暴に言ってしまえば、

断れない形で、ブサイクなオッサンとお見合い結婚を強いられていた女性が、

選べるなら同年代のより若くイケメンで、経済力もある男性と結婚したい

というある種当然の帰結に至ったのではないだろうか。

おそらく、マッチングアプリという武器を手に入れた女性は、冷静に「商品化された自分の性」を値踏みして、適切に利潤を手にする時代になったのだろう。
※関口文乃(2010)「婚活ブームの二つの波：ロマンティック・ラブの終焉」
山田昌弘（編）『婚活現象の社会学』東洋経済新報社, pp. 121-160.

罪悪感と経験値不足

Yamaguchi　2022年12月2日

色々考えた結果、Tさんに対して誠実にあるべきだ。

そう考えてアプリの利用は一時停止した。彼女はパパ活を目的とした女性と違うのだし、少なくとも、将来の結婚に対する意思があることを述べていたのだから。

そして私のアプリ婚活も、ある程度の局面を迎えているのだから、一時的な気の迷いで変な行動をしてはいけないと思う。

とはいえ、TさんとLINEでやり取りしたり、実際にあって会話をしていても、どこか空虚な感情に襲われている。

私が目の前の彼女を信じられないだけでなく、アプリを通じて女性と出会おうとしている私自身が、**性の商品化を推し進めているように思えて、後ろめたく感じてしまうのだ。**

その結果、Tさんと食事デートをしている最中でも、あまり会話が弾まない時間が生まれていた。
彼女も、そう毎回悩みを私に相談したり、職場で問題を抱えたりしているわけではない。結局、お互いの一通りの生活や趣味が分かってしまった後、話すことが無くなってしまったのだ。

そのような状況もあって、立場と年収だけを携えて挑んだ人間である私と、継続的に会ってくれる彼女には感謝しかなかった。

「うーん、もうその人で決めていいんじゃないか？　もう週1、2回ペースで会って飯食ってるんだろ。手を出すどころか、交際にすら至ってないことに、むしろビックリだよ」

久しぶりに近況報告を聞きたいという真田は、感慨深げにそう言った。どうやら、Tさんと交際に至っていないことが、彼にとっては不思議に感じるらしい。

「あと、アプリを利用していることを後ろめたいと感じているということは、お前は少なからず彼女に好意を抱いているってことだよ。さっさと告白して、交際を申込めよ」

「そうかな」

「お前まさか、振られたらどうしようとか、中学生みたいな青臭いこと考えているんじゃないだろうな？」

「いや、なんて伝えればいいかな……って」

真田は笑った。

私はこれまで、受験勉強と研究に勤しみ、仕事として教育に携わってきた。それに関わること以外の全てを、時間を奪う雑事として切り捨ててきたのだ。

自分自身を薄っぺらいというのはそのままの意味で、私の武器は学歴しかない。ここまで、自分が学んできた理論で誤魔化してきたが、私は婚活市場で戦う資源が圧倒的に足りないのだ。

家族社会学には「恋愛資本」という言葉があるらしい。

既婚者と未婚者の過去の交際歴の調査では、**既婚者の過去の交際経験人数は3～5人**であり、未婚者はその数字を下回るそうだ。交際経験人数が多いということは、異性と出会い、交流する機会そのものが多いということである。

そして機会が多いがゆえに、異性と交際するためのコミュニケーションスキルが磨かれるだけでなく、友人関係を含めたネットワークを人生経験の中で数多く獲得できる。このスキルとネットワークの蓄積が恋愛資本であり、その資本蓄積の差が恋愛や結婚の格差につながるのだという。

お見合い結婚が主流であった1970～1980年代は、この恋愛格差を家族や職場がカバーし、異性との出会う場が用意され、結婚へのレールを敷いてくれた。
しかし、自由恋愛による結婚が前提になったことで、自分で恋人を探し、コミュニケーションを重ねて恋人になり、結婚にまでたどり着かねばならない社会になった。

そして、異性との出会いそのものを提供するマッチングアプリが登場して、私達は「いつでも、どこでも、会いたい人に会える機会」を提供された。

しかし、ここで提供されているのは「機会」だけで、その先は恋愛関係を構築できるかどうかに懸かっている。

つまり、マッチングアプリは恋愛資本のうち、**機会獲得の差はカバーしてくれるが、コミュニケーション能力まではフォローしてくれない**のだ。

その状態で、恋愛資本に乏しい私が婚活市場に参入したらどうなるか。真田のような恋愛強者と、私のような恋愛弱者の差は、残酷なほどに明確化してしまう。そんな私が、ここまでＴさんと続いていることそのものが、奇跡的なのだろう。

「サプライズ演出とか、特別な言葉とか考えなくて良いから。『結婚を前提に交際してください』とか言えば良いだろ。次のデートはクリスマスの時期だし、ちょうどいいだろ！」

コメント

keigo

経験値不足感がいまだにすごいなオイ。

バブリシャス

やっと追いついた。Yamaguchiさん上手くいきそうすか!?

Check ▶▶▶

恋愛格差と結婚

2022年4月、内閣府の「人生100年時代の結婚と家族に関する研究会」において発表された報告資料で教育に「壁ドン・告白・プロポーズの練習」を組み込むことを、政策として提言されました。この研究会のメンバーである小林盾先生は大規模な統計調査から、恋愛格差の存在が未婚化・晩婚化に影響していることを明らかにしています。

過去の恋愛経験と結婚の関係に注目した時、男女とも1人でも過去に交際した経験があれば結婚の可能性は3倍に跳ね上がり、男性は5.6人、女性は8.2人をピークに結婚の可能性が高まっていきます。「恋愛は結婚というアトラクションに入るための「優先入場券」と言えるかもしれない」（小林, 2016, 27頁）と指摘しているように、過去の恋愛経験と結婚は直接関係していると言えます。

他方で男性より女性の方が異性との交際人数が多いこと、男女ともに未婚者は過去の交際経験がないことの2点に注目する必要があります。これは、一部の男女が、恋愛関係の機会を多く獲得している＝恋愛弱者と恋愛強者が存在することを意味します。小林先生は、このような格差を、人々が成長していく環境や生まれ持った容姿によって獲得できる経験が後々の資本として恋愛格差を生むとして、恋愛資本という概念を提示しています。「壁ドン教育」は、この恋愛資本の格差を埋めるという点では、一定の効果が見込める政策と言えるのではないでしょうか。

言った。

Yamaguchi　2022年12月10日

「結婚を前提に、正式に交際してもらえますか」

1週間後、真田に後押しされるままに、Tさんにそう伝えた。

通算、10回目の食事デートだろうか。お互いの近況報告をして、例によって食事を互いに楽しんで、デザートが届くまでの合間で伝えた。

「えーっと」

Tさんは、「はい」でも「いいえ」でもない、むしろ「困ったな」という表情で言葉を探していた。

彼女が何を考えているのか全く読み取れず、呼吸が浅くなる。正直、学会報告の質疑応答のほうが楽だ。

「Yamaguchiさんは、私の話を真剣に聞いてくれるし、他の人と違って変なアピールもなくて、私にとって、安心してご飯を食べられる人なんです」

いつもは職場の不満を一気に吐き出すように語るTさんは、とつとつと、言葉を選ぶように語り始めた。

「その意味で、結婚するならこんな人が良いのかな……って少し前から考えてました」

私の心臓が、早鐘のようになり始めたのが分かる。

「ただ……まだ分からないんです」

Tさんはそう言うと、私以外に、アプリと婚活パーティーで知り合った2名の男性と継続的に会っているらしかった。

聞けば、1人は外資系企業の役員で、年収は5000万近い人。しかし歳の差がかなりあるらしい。そしてもう1人は、シンプルなイケメン。しかし資格勉強中で今はフリーターだった。

素直に話してくれるTさんに対して、なんと受け答えをしたのかも定かではないが、最後に言われた言葉だけがずっと心に残っていた。

「Yamaguchiさんに対する気持ちが、恋なのか、まだ確信が持てなくて。あなたは誠実な人だと思うし、兄のような安心感があるんです。だから結婚するならYamaguchiさんのような人が良いと思っているのは嘘じゃないんです。でももう少し時間をくれませんか？」

最寄り駅まで送った別れ際にそう言われたのだが、正直私には情報負荷が大きすぎて、その意味を処理できなかった。

Check ▶▶▶

ロマンティック・マリッジ・イデオロギー

安心感以上の何かを求めるTさんの発言は、多くの男性が困惑してしまうかもしれませんが、現代の支配的な恋愛ー結婚観である「ロマンティック・マリッジ・イデオロギー」を補助線にしていくことで、Tさんの発言が理解ができるようになります。

谷本・渡邊（2016）は1970年代から2000年代の一般雑誌を対象としたテキストマイニング分析を通じて、1990年代を境に恋愛ー結婚観が変化したことを指摘しています。

お見合い婚が主流であった1970年代ごろは、恋愛を結婚によって「正しいもの」とみなす、ロマンティック・ラブ・イデオロギーが支配的な恋愛と結婚観でした。男女の関係とは「結婚」というゴールが設定されており、恋愛はそのゴールに向かう過程として「正しいもの」であるという考え方です。

しかし1990年代から自由恋愛が受け入れられ恋愛結婚が主流になっていく中で、「恋愛関係にもとづいた結婚」が「正しいもの」とみなす、ロマンティック・マリッジ・イデオロギーに変化していったのです。このロマンティック・マリッジ・イデオロギーのもとで「恋愛経験を積極的に求めること」は、「良き配偶者探し」につながる肯定的な行為へと変わっていきました。

現代社会はマッチングアプリで条件に合致する異性と自由に出会える社会になったため、「配偶者に求める条件とマッチングしていること」を前提に、その異性に対して「恋愛感情を抱けるか否か？」によって「結婚の可否を判断する」という、ロマンティック・マリッジ・イデオロギー2.0へと進化しているのかもしれません。

エピローグ

マッチングアプリ、学びが深すぎるだろ!

「おい、無事だったのかよ」

　授業が終わり帰宅しようとしているところで、大学の最寄り駅の改札前で真田に出会った。

　どうやら、交際を申し込むと伝えていた日を過ぎても、何の連絡もなく、まるまる1週間音信不通になって心配してくれたらしい。わざわざ授業が終わるであろう時間に合わせて駅前で待ってくれていたようだ。

「ここまで関わったからには、祝勝会でも告別式でもやらなきゃと思ってな」

　いつものような軽口を叩くが、アイツが私の時間割を知るはずもない。恐らくずいぶん長い時間待たせてしまったのだろう。

「結果を言うと、延長戦みたいな感じだ」

　いつものバーで、彼に促されるままに、事の顛末を伝えた。
　彼はこれまでのように、笑ったり茶化したりすることなく、最後まで真剣な表情で聞いてくれた。

「うーん……？　まあある意味すごい正直な人だよな。その人」

　真田は私の話を聞き終え、長い溜息の後に呟いた。

「お前は、マッチングアプリを使ってみて、どうだった？」

5分ほど考え込んだ後、真田はそう質問してきた。
長い付き合いとなるが、アイツが私の気持ちについて聞いてきたのは、初めてかもしれない。

「お前にもらったアドバイスと実際にアプリを使った体験から、今まで学んだ理論を使って色々考えて、実践していったことはすごく楽しかった。ただ、今は女性と知り合うことが少し苦しく感じてる」

「苦しい？」と真田は聞いた。

「マッチングアプリを使ってみて、自分がどうしようもなく経験が浅く弱い人間だってことは、嫌というほど分かった。それは、これからの自分の課題だから、前向きに考えてる」

「ただ、恋愛の裏に透けて見える力学とか経済圏を、一気に見てしまったせいか、ちょっとくたびれたよ……」

真田はうなずきながら、意を決したように、口を開いた。

「お前に残された選択肢はこの３つだ」

「１つ目。前向きに自分の弱さに向き合う気があるなら、もっと経験を積んで、残り2人の男性に打ち勝って、Ｔさんを振り向かせること。少なくとも、お前のことを結婚相手としてはアリだと考えてくれている。だから、諦めることはない。ただ……」

言いにくそうに真田は続ける。

「平気な顔で他人同士を比較していることを大っぴらにする人に対して、俺はお前の友達としてちょっと違和感を感じてはいる。そりゃアプリを使っている以上、1人に絞らない限りは複数人と並行して交際することも、それで比較することも当然のことだ。とはいえそれを馬鹿正直に伝えることが誠実とは思えない」

真田の言葉が重くのしかかった。

「んで2つ目。Tさんは諦めて、他にもっといい人がいると信じて婚活は続ける。ただし、お前にはアプリはおそらく向いてないから、コミュニケーション能力のなさをフォローしてもらえる結婚相談所への入会とかが良い気がしてる」

そして最後の選択肢を提示した。

「3つ目。なんだかんだ言っても、今お前は研究しているだけで幸せになれるのだから、今すぐの婚活を諦める。この数ヶ月、近くでお前の婚活を見てきたけど、婚活を研究しているお前は楽しそうだったよ。これでフィールドワークは終わりってことにして、研究として論文なり本にしちまえば？」

黙って悩む私を見ながら「まあ今日は飲もうか」と言う真田と、その日は遅くまで飲み明かした。

真田と飲んだ翌朝、TさんからLINEが入っていた。

「この前は私も緊張してしまい、とても失礼なことを言ってしまった気がします。ごめんなさい。もしよければ、週末にまた、お食事を一緒にしませんか？」

もはや、Tさんが何を考えて、このLINEを私に送ってきたのか、判断がつかない。

マーケティング的に考えると、収入と容姿という婚活女性が求める2大ニーズに、私はハマっていないと断言された。「結婚するならYamaguchiさんのような人が良い」という彼女の言葉を正面から受け止めれば、私は彼女の求める「理想の結婚相手」の平均像に当てはまるのかもしれない。

ひょっとすると、彼女自身も気づいていない極端なニーズが存在し、私の持つ属性がそれにハマっているのかもしれないが……。行動経済学的には彼女が私と費やした、2ヶ月ほど時間にサンクコストを感じているのかもしれない。いやサンクコストと言うには時間が短すぎるとすれば、損失回避性から、「とりあえずキープ」という判断をしたのかもしれない。ありそう。

Tさんが天秤に掛けている2人の男性（超金持ちと好みのイケメン）に比べて、私が競争優位を持たないのは確実だ。
この2人に対して競争を挑むのであれば……。

あ、美容整形か？　あれっていくら位だっけ？

まあTさんは、プロポーズを受け入れてもらうために整形するようなバカな男を選ぶタイプではないだろう。一方で、これから婚活を続けるのなら、比較優位の根拠になる資源を手に入れるという意味で合理的か？

女性にとって、結婚とは人生を賭けたキャリアメイクだ。就活で学生が幾つもの会社から内定をもらいながら、どこを選ぶのかに悩むように、女性が「どの男性からのプロポーズを受けるのか」を悩むのは当然だ。その後の人生を左右するのだから。

戦後から高度経済成長期にかけて、ほとんどの人が結婚する国民皆婚の時代だったという。

その頃はきっと、年頃になると家族や職場の圧力から、不本意な相手と結婚させられた男女が沢山いたのだろう。

ようやく結婚相手を自由に選べる時代になったのだから、女性が出会った男性をあらゆる角度から比較して、自分が納得した相手と結婚したいと思うのは当たり前だし、結婚相手に求める条件を突きつけて、悪いことは何一つ無い。**私には厳しい現実だが。**

ひょっとしたら、地縁血縁で雁字搦めにして結婚に持ち込んでいた頃も、収入や容姿を見せて結婚相手を探す今も、**「女性側の意思を無視して結婚しよう」としている意味では、大差ないかもしれないのだから。**

じゃあ、私はどうすれば良いのだろうか？

真田が昨日の夜に言ったように、私に残された選択肢は3つだ。

・T さんを振り向かせるために頑張るか。
・T さんは諦めて、結婚相談所を利用するか。
・結婚そのものを諦めるか。

T さんは、私のプロポーズに対して少なくとも返答して、その言葉通り関係を継続するために LINE を送ってくれた。

ただ、その彼女の行動自体が、私の理解の範疇を超えている。
思い返すと、この数ヶ月のアプリ婚活の経験は、私の理解の範疇を超えているものばかりだった。そして、その理解できないことを、理解しようとすることに私は魅了され、熱中してきた。

意味不明だから、興味を持つ。
不可解だから、調べる。
興味を持って、調べて、新しい理解を得たとき、世界が違って見える。

これは私の学者としての業であると同時に、アプリにも婚活にも確かな学びがあって、少なくない変化を私にもたらしてくれていたんだ。

「……半年前とは、人も景色も違って見えるもんだな」

T さんへの返答文を打とうか迷いながら、私はスマホをジャケットにしまい、授業のためにキャンパスに向かった。

おわりに

本書を最後までお読みいただき、ありがとうございました。

少しでもアプリ婚活という現象の面白さと、Yamaguchi氏がその現象に立ち向かおうとして参考にした各種理論の持つ魅力を感じていただければ、筆者として幸いです。

最後にこの場を借りて、研究者として「この本」を「このような形」で、なぜ書き上げたのかについて、少しだけお話しさせていただければと思います。

私自身の婚活パーティーと結婚相談所での婚活の経験を赤裸々に明かしつつ、経営学のもつ独自の理論的視座から婚活現象そのものに切り込んでいったのが、2021年に発表した『婚活戦略：商品化される男女と市場の力学』（中央経済社）という本でした。

この本は筆者の想定を超える形で多くの読者の方に刺さり、研究書としては異例と言える半年で6刷まで増刷を重ねることができました。『婚活戦略』という本を発表したことは、「日常的な現象を学問の視点から読み解いていくこと」と面白さを改めて学ぶ機会となりました。

話は少し遡りますが、私が大学生だった25年ほど前、誰もが知る漫画やアニメをトリビア的に掘り下げて解説していく「謎本」というブームがありました。

最も著名なのは「謎本」という通称のもとになった東京サザエ

さん学会著『磯野家の謎』（彩図社）なのですが、その中で一際異彩を放つ「謎本」として『ウルトラマン研究序説―若手学者25人がまじめ分析 科学特捜隊の組織・技術戦略を検証する』（中経出版）という本がありました。

当時の私は「学者が馬鹿なことを真面目にやるとすごく面白いな」と感心しつつ爆笑しながら読んだのですが、その「若手学者」の一人が後に指導教官になる金井壽宏教授でした。
今考えると、『婚活戦略』という本は、現代に蘇った「謎本」として受け入れられたのかもしれません。

それから時が過ぎた2022年の初夏に、クロスメディア・パブリッシングの山本さまより「マッチング・アプリを題材に、ビジネス教養が学べるような本を出したい」とのご連絡をいただきました。

ちょうど、「誰もが経験する日常的な現象を、学問として切り込んでいくことで、もっと読者に喜んでもらえるのでは？」と考え、私は2022年の春頃には出版の目処も無く『婚活戦略』に続く本の企画書を書き始めていた頃でした。

「日常的な婚活という現象を学問の視点から読み解いていく」という『婚活戦略』のコンセプトはそのままに、より多くの読者にリーチできる本を書くという企画書です。ところが、これまで「お硬い」論文と研究書しか書いたことがない私にとって、本としてのイメージは湧くものの、どう書いたらよいかわからない。そこでこれは大チャンスだと、このオファーに飛びつくとともに、ふと脳裏に浮かんだのは師匠が今の私と同じ年頃に手掛けた『ウルトラマン研究序説』でした。

「謎本」というかつて流行したジャンルを参考にしつつ、『婚活戦略』の著者が書いたメタフィクションとしても読める形式で書くと面白いのではないかというアイディアで出来上がったのが、本書となります。

同時に、なぜ私がこのような形式の本を出そうと思ったのかというと、この数年悩み続けてきた、研究者としての声の「届かなさ」という問題意識が根底にあります。

研究書に限らず小説でも漫画でもノンフィクションでも、書籍はコンテンツを作成する書き手とパッケージ化し流通する出版社、書籍を実際に販売する書店だけで完結しません。

その本を書店で読者が手に取り、読み、対面からSNSまで幅広く「語られる」という行為を経て、初めて書籍という社会現象は成立します。

私はこれまで3冊の研究書の著者となる幸運に恵まれ、学会賞を頂くなど研究の世界ではそれなりに評価されてきました。ところが『婚活戦略』という例外を除いて重厚な研究書は初刷で数百〜千部程度印刷してもらい、研究者自身が授業で教科書や参考書に指定してチマチマと売り、5〜10年をかけて売り切るというのが現実です。このようなビジネスモデルの研究書は、もはや「書籍」という現象として成立していないのではないだろうか、と研究者としてキャリアを重ねる中で考えるようになったのです。

もちろん、「研究書は20年、50年、100年先にも読み継がれていくのだから、商業出版と同列で考えてはだめだ」という意見もまた現実であるし、研究者としてはすごく大事な考え方だと思います。

同時に、「少しでもこの世界を良くしたい」「そのために自分の研究は必ず役に立つ」という、ある種のロマンがあるからこそ、私は研究者という難儀な道を選び、地道に研究活動を続けてきているわけです。

ところが研究者にとって人生そのものと言っていい研究書であっても、現実には年間数十人の読者しか獲得できず、その多くは初刷で絶版になります。もちろん、絶版になったとしても、図書館に所蔵された研究者の書籍は数十年後の研究者に再発見され、引用され、命脈を保つかもしれません。それはアカデミズムとしては、正しく美しい姿かもしれない。

しかし、同時代の「今、ここ」に生きる人たちの多くに、「誰にも届いてない」という現実に、研究者が目を背けてはいけないと思います。

「今、ここ」で読まれ、語られ、現象にならないと、研究活動は社会を変える力にはならないからです。

だからこの本を書くにあたって私は、研究者が「今、ここ」に生きる人たちに消費されつくす本を書くことができるのか、という社会実験（と言うと大げさかもしれないですが）として、今まで自分に課してきた「アカデミズム」という枷を取っ払うカタチで取り組むことにしました。その成否は、一人でも多くの人に「届き」、「語られる」という形で確認していくことができればと思います。

こういうことを考えつつ提案した「頭の硬そうな研究者がアプリ婚活の記録をブログで書いていたものを、まとめた風の書籍にしましょう」という筆者の実験的なアイディアを面白がって受け入れつつ「多くの読者に刺さる」形でパッケージングを試みてくれたクロスメディア・パブリッシングの山本豊和さまには、この場を借りて感謝を申し上げます。

筆者の性格上、文体が硬い上に、内容的にもブラックな方向に筆が走りがちなところを、絶妙なバランス感覚で「軽さ」と「明るさ」をもたらしてくれました。もしこの本が多くの人に「届く」としたら、それは山本さまの貢献であると言えます。

最後に、本書では筆者が専門とする経営学以外に、行動経済学や社会学（ジェンダー論・家族社会学）にも触れております。

初学者への入門レベルの内容ではありますが、多数の書籍・論文を拝読しつつ、注意深く執筆させていただきました。もちろん、門外漢ゆえにありうる誤謬は、筆者の責任として引き受けていきます。

東京都立大学 准教授
高橋勅徳

参考文献

※本書を執筆するにあたり参照した文献から、①より深く各理論を学ぶ入口になる書籍、②初学者でも読みやすく、2022年末時点で入手可能な和書・和訳書をセレクションした一覧となります。より深い学びに活用していただければ幸いです。

【第1章　マーケティング編】
ドラッカー, P. F.（2001）『マネジメント』ダイヤモンド社
黒岩健一郎・水越康介（2018）『マーケティングをつかむ（新版）』有斐閣
キム, C. W. & モボルニュ. R.（2005）『ブルー・オーシャン戦略 ― 競争のない世界を創造する』ランダムハウス講談社
コトラー, P.（1996）『マーケティングマネジメント ― 持続的成長の開発と戦略展開』プレジデント社
ムーア, J.（2002）『キャズム』翔泳社

【第2章　行動経済学編】
アカロフ, J. A. & シラー, R.（2009）『アニマルスピリット』東洋経済新報社
アリエリー, D.（2013）『予想通りに不合理:行動経済学が明かす「あなたがそれを選ぶわけ」』早川書房
カーネマン, D.（2012）『ファスト&スロー（上・下）』早川書房
大竹文雄（2019）『行動経済学の使い方』岩波新書
セイラー, R. H. & サンスティーン, C. R.（2022）『NUDGE 実践 行動経済学 完全版』日経BP

【第3章　経営戦略論編】
アンゾフ, I. H.（2015）『戦略経営論（新訳）』中央経済社
チャンドラー, A. D.（2004）『組織は戦略に従う』ダイヤモンド社
バーニー, J. B.（2021）『企業戦略論（新版）上・下』ダイヤモンド社
桑田耕太郎・松嶋登・高橋勅徳（2015）『制度的企業家』ナカニシヤ出版
ポーター, M. E.（2018）『競争戦略論（新版）Ⅰ・Ⅱ』ダイヤモンド社
武石 彰・青島 矢一・軽部 大（2012）『イノベーションの理由:資源動員の創造的正当化』有斐閣

【第4章　社会学編】
小林盾・川端健嗣（2019）『変貌する恋愛と結婚:データで読む平成』新曜社
宮台真司（2006）『制服少女たちの選択 ― After 10 Years』朝日新聞社
佐々木チワワ（2021）『ぴえんという病:SNS次代の承認と消費』扶桑社新書
坂爪真吾（2018）『パパ活の社会学:援助交際、愛人契約と何が違う?』光文社新書
高橋勅徳（2021）『婚活戦略』中央経済社
山田昌弘・白河桃子（2008）『「婚活」時代』ディスカヴァー・トゥエンティワン
山田昌弘・白河桃子（2013）『「婚活」症候群』ディスカヴァー・トゥエンティワン
山田昌弘編（2010）『婚活現象の社会学』東洋経済新報社, pp. 17-42

［著者略歴］

高橋勅徳（たかはし・みさのり）

東京都立大学大学院経営学研究科准教授
神戸大学大学院経営学研究科博士課程後期課程修了、博士（経営学）。沖縄大学法経学部専任講師（2002 - 2003年度）。滋賀大学経済学部准教授（2004 - 2008年度）。首都大学東京大学院社会科学研究科准教授（2009 - 2017年度）を経て現職。専攻は企業家研究、ソーシャル・イノベーション論。第４回日本ベンチャー学会清成忠男賞本賞受賞。第17回日本NPO学会賞優秀賞受賞。著書に『婚活戦略』（中央経済社）など。

大《だい》学《がく》教《きょう》授《じゅ》がマッチングアプリに挑《ちょう》戦《せん》してみたら、経《けい》営《えい》学《がく》から経《けい》済《ざい》学《がく》、マーケティングまで学《まな》べた件《けん》について。

2023年1月11日　初版発行

著　者　高橋勅徳

発行者　小早川幸一郎

発　行　株式会社クロスメディア・パブリッシング
〒151-0051 東京都渋谷区千駄ヶ谷4-20-3 東栄神宮外苑ビル
https://www.cm-publishing.co.jp
◎本の内容に関するお問い合わせ先：TEL（03）5413-3140／FAX（03）5413-3141

発　売　株式会社インプレス
〒101-0051 東京都千代田区神田神保町一丁目105番地
◎乱丁本・落丁本などのお問い合わせ先：TEL（03）6837-5016／FAX（03）6837-5023
（受付時間10:00～12:00、13:00～17:30 土日祝祭日を除く）
service@impress.co.jp
※古書店で購入されたものについてはお取り替えできません
◎書店／販売会社からのご注文窓口
株式会社インプレス　受注センター：TEL（048）449-8040／FAX（048）449-8041

印刷・製本　中央精版印刷株式会社

ISBN978-4-295-40780-5　C2036